Julius Evola

IMPERIALISMO PAGANO

Omnia Veritas

Julius Evola
(1898-1974)

IMPERIALISMO PAGANO

Imperialismo pagano, Todi-Roma, Atanòr, 1928

Publicado por
Omnia Veritas Ltd

www.omnia-veritas.com

1.- LA DECADENCIA DE LA IDEA POLÍTICA Y EL CRISTIANISMO

Aquel que hoy en día vuelve a evocar en el mito de Roma el ideal del Imperio, debe darse cuenta de la fundamental irreductibilidad de un tal ideal no tan sólo como idea política, sino respecto de la cultura de la totalidad del Occidente moderno. Debe con ojo frío y ánimo decidido, medir muy bien todo lo que es necesario querer, así como lo que hay que ser capaz de osar, a fin de que tal idea *sea.*

Así como un cuerpo no es vida y organismo, sino un mero compuesto material incapaz de mantenerse firme en el juego de las diferentes fuerzas, si no lo impregna y domina la unidad superior de un alma, del mismo modo la primera condición del imperio es una síntesis inescindible de espiritualidad y de politicidad; es la presencia efectiva de una jerarquía de valores meta-económicos y meta-prácticos que condicione y domine, como un medio respecto de un fin, todo aquello que es económico y práctico; es una diferenciación absoluta entre los individuos —entre sus vidas, sus verdades, sus valores y sus poderes— por lo cual en algunos seres se convierta en irrebatible alguna cosa que los distancia de las multitudes, así como la cualidad de un alma que es señora respecto de sí misma se distancia de la materia del cuerpo, del cual ella es el acto.

En la sociedad occidental, de todo esto ya no existe prácticamente rastro alguno. La realidad política se va transformando paulatinamente en una realidad económica, administrativa, policial. A la diferenciación se le ha sustituido la nivelación, a la personalidad, la socialidad y su ley impersonal; a la cualidad, el número, la materia, el oro, la máquina; al guerrero, el soldado. Los valores heroicos y de sabiduría, por los que castas de jefes y de vates se erguían soberbios más allá de las muchedumbres de los siervos y de los mercaderes, se han gradualmente apagado, y a ellos se les ha suplantado la contaminación de quienes "creen" y "rezan", de aquellos que se agitan y todo lo manchan con sentimentalismo, humanitarismo, moralismo y retórica. En modo tal que hoy en día quien habla de imperialismo no habla sino de una ironía: habla de una realidad puramente económica, industrial, militarista, por lo tanto esencialmente burguesa e inorgánica, que no tiene nada que ver con la naturaleza sagrada, solar, poderosa y viviente de los imperios que los antiguos conocieron.

En pocos casos la historia muestra un rebajamiento semejante de la idea política, como lo que acontece hoy en día en el Occidente. Y aquel que busca descubrir en lo profundo las raíces de semejante rebajamiento, y removerlas, se encuentra forzosamente ante el cristianismo.

La ola oscura y bárbara, "enemiga de sí y del mundo" (Celso), que en la frenética subversión de toda jerarquía, en la exaltación de los débiles, de los desheredados, de los sin nacimiento y de los sin tradiciones, en el rencor profundo hacia todo lo que es fuerza, suficiencia, sabiduría, aristocracia, en el fanatismo intransigente y proselitista proveniente de la plaga exótica y asiática de Palestina fue veneno para la grandeza de Roma, es la causa mayor del ocaso político y espiritual del Occidente.

Pero atención: el cristianismo no es aquello que, a la manera de un muñón truncado por el impulso más profundo, subsiste hoy en día cual religión cristiana. El mismo fue aquello que, luego de haber disgregado el Imperio, pasó con la Reforma a corromper la raza de los rubios bárbaros germanos para luego insertarse en una médula aún más esencial: el cristianismo hoy se encuentra en acto en el liberalismo y en el democratismo europeo y en todos los otros bellos frutos de la revolución francesa, hasta el anarquismo y el bolchevismo; el cristianismo hoy en día se encuentra en acto en la estructura misma de la sociedad moderna del tipo anglo-sajón así como en la ciencia, en el derecho, en la ilusión de potencia otorgada por la tecnología. En todo ello se confirma por igual la voluntad niveladora, la voluntad del número, el odio hacia la jerarquía, la cualidad y la diferencia, así como el vínculo colectivo, impersonal, hecho de mutua insuficiencia, miedo y prudencia, que el cristianismo alimentó en una raza de esclavos en rebeldía.

Con el trascendentalismo de sus valores, que se justifican todos en la espera del "Reino" que "no es de esta tierra", el cristianismo infringió la síntesis armoniosa entre espiritualidad y politicidad, entre realeza y sacerdocio que Roma, Egipto, Persia, el Oriente antiguo conocieron. Y la materialización actual de la idea política no es sino una extrema consecuencia de esta antítesis y de esta escisión contenidas en la esencia misma del cristianismo primitivo.

Los presupuestos fundamentales —trascendentalistas, dualistas, igualitarios, humanitaristas, de renuncia— del cristianismo evangélico chocan con vehemencia contra la primera de las condiciones para el imperio. Por lo cual quien dice imperio no puede hacerlo si simultáneamente a ello no dice también en forma decidida: anticristianismo, paganismo.

2. EL COMPROMISO CATÓLICO

Es algo evidente que tomada en sí misma, en su sutil bolchevismo y en su indiferencia hacia cualquier esmero mundano, la predicación de Jesús podía conducir hacia una sola cosa: convertir en imposible no sólo al Estado, sino a la misma sociedad. Pero, al venir a menos de lo que era el resorte animador de esta predicación, el advenimiento declarado inminente del "Reino", el espíritu y la intransigencia de la primitiva enseñanza fueron traicionados y, como una "normalización" dirigida a fijar un lugar en este mundo a aquello que "no es de este mundo", surgió, a la manera de un compromiso entre inmanencia y trascendencia, entre la cristiandad y la paganidad, la Iglesia católica.

Fijemos firmemente este punto: una cosa es el cristianismo, otra diferente el catolicismo. El cristianismo como tal es el anti-Estado, lo análogo de la Revolución Francesa de ayer, del mito comunista y del bolchevismo de hoy: el mismo ha fracasado y siempre estará condenado al fracaso mientras el "mundo" exista. El cristianismo, en cuando es en cambio iglesia católica, no es sino una sombra de la paganidad; sombra contradictoria puesto que se refleja sobre una concepción y un sistema de valores, que es la contradicción de la paganidad.

En esta esencial contradicción se encuentra la causa de la impotencia de la iglesia católica en asumir en verdad la herencia de lo que la revolución cristiana había corrompido: la imperialidad y la universalidad romana.

La iglesia católica mantiene el dualismo, si bien en forma cambiada sosteniendo el dominio espiritual en contra del dominio material. Pero tal postura es insostenible.

Son coherentes los güelfos, quienes niegan la posibilidad de un estado laico en sí mismo, y quieren una subordinación incondicional del poder temporal respecto del papal, jerárquicamente constituido. Sin embargo en este caso ¿qué es lo que le quedaría a la iglesia para poder denominarse aun como cristiana, es decir para reivindicar la descendencia por parte de quien enseñó que fuesen vanos los intereses por el mundo e iguales los hombres, siervos por naturaleza de un Dios, cuyo reino no es de esta tierra? ¿Cómo mantener el dominio y la jerarquía efectiva si no es pasando a los valores paganos de afirmación, de inmanencia y de diferencia?

El güelfismo en una experiencia bimilenaria no ha sabido conquistar ninguna realidad histórica consistente. Pero entonces queda de manera chocante el disenso, puesto que la otra alternativa no es posible; no es posible que un imperio, que sea verdaderamente imperio, pueda admitir junto a sí a una iglesia como una realidad diferente e independiente. Un imperio, cuyo dominio sea meramente material, puede por cierto tolerar una iglesia y remitirle todo lo concerniente a las cosas espirituales, de las cuales por hipótesis se desinteresa. Pero un tal imperio no es propiamente tal, de la misma manera que un organismo sin alma no es un organismo. Si en cambio esta alma lo posee, si una espiritualidad inmanente lo compenetra (y espiritualidad para nosotros no significa para nada "fe" o "devoción", "dogma" o "misticismo", sino valor en acto como potencia concreta de seres superiores), cuando tal cosa acontezca, el imperio no puede y no debe tolerar junto a sí una organización que se arrogue la prerrogativa de las cosas del espíritu: el mismo suplantará a la iglesia expresándose en cambio a sí mismo como única y verdadera iglesia. Tal el concepto del imperialismo pagano, síntesis de realeza y de sabiduría, "Sacro Imperio", de acuerdo al concepto romano, iránico, pitagórico, dantesco.

Pero ni siquiera esta segunda solución, excepto raros esbozos, ha tenido realidad en la historia post-romana. ¿Y qué es lo que ha quedado? Por un lado un estado esencialmente laico, que se agota en problemas económicos, administrativos, penales, militares, etc., declinando cualquier competencia en materia de religión; por el otro una religión que se desinteresa de la política, que, como iglesia católica, se reduce a una función simbólica, sobreviviente a sí misma a la manera de una especie de gran asociación internacional de creyentes, capaz tan sólo de un lavado paternalismo basado en ostentadas e inútiles preocupaciones por la salud de los pueblos —los cuales a su vez van cada uno por su propio camino— o de las "almas", las cuales han perdido el sentido interior y viviente de la realidad espiritual y han matado el saber y el ser en el "creer".

Tal es la raíz de la crisis de la idea política en Europa y tal es la absurdidad patente de todo intento de apoyar un imperialismo sobre el universalismo católico. Nada tiene que hacer tal universalismo anodino, incorpóreo, internacional, puramente nominal, con el concreto y solar de un super-estado de dominadores, en cuya más vasta vida y potencia encuentren unidad verdadera, paz profunda y augusta las múltiples potencias inferiores, tal como la Roma pagana lo encarnó y tal como debe ser el modelo ideal de quien quiera evocar romanidad e imperialidad en contra del mal democrático e internacionalista que corroe a Europa. El imperialismo católico no nos sirve y no nos resulta suficiente, puesto que no nos sirve y no nos resulta suficiente una estructura impersonal y vacía que no muerde en la realidad, que no manda las unidades nacionales y que en rigor debería ser indiferente a todo particular interés nacional, a partir del de Italia misma.

Así pues, por un círculo vicioso insuperable, nada debe esperar, a los fines del imperio una nación cualquiera, y en primer término Italia, por parte de un acercamiento con el catolicismo. En efecto un tal acercamiento no podría tener como finalidad sino explotar el prestigio internacional de la iglesia. Sin embargo tal prestigio, así como se encuentran las cosas hoy en día, tiene justamente como condición que la iglesia se declare y se mantenga independiente respecto de cualquier nación en particular, internacional, y por lo tanto se reduzca a un abstracto influjo espiritual sobre las almas, que no debe encuadrarse a favor de ninguna potencia, sino renunciar a cualquier reino efectivo.

De aquí lo absurdo de la ideología y de la política de los nacionalistas italianos y la razón de la frigidez vaticana ante los avances de quien en el fascismo, al no saber poner en marcha una espiritualidad inmanente, piensa en reclamar al catolicismo el alma que supone que el fascismo mismo no posee.

3.- LAS DOS SOLUCIONES — EL PELIGRO PROTESTANTE

El punto fundamental pues es éste: o confirmar la decadencia actual de la idea política restringiendo el Estado a una mera organización material, por lo que puede entonces dejar subsistir en una abstracta coexistencia y yuxtaposición a una iglesia, o bien superar el dualismo inmanentizando a la iglesia e instaurar una síntesis absoluta entre los dos poderes y las dos conciencias. Y en esta segunda alternativa, sin embargo, el peligro cristiano se representa en la más temible de sus formas, ya reflejada, tal como dijéramos, por parte del núcleo central de las organizaciones anglo-sajonas.

Cuando la perspectiva del "Reino" dio marcha atrás y desapareció, las fuerzas desplegadas en su espera recayeron sobre sí mismas; y el cristianismo de su fase anárquica, bolchevique y libertaria pasó a una fase socialista. La *ecclesia,* la comunidad, la vida asociada de los fieles comprendida como un médium impersonal hecho de recíproca necesidad del alma, sustituyó a la realidad, venida a menos, del "Reino de Dios".

Hay que distinguir netamente la *"ecclesia",* de la cual ahora hablamos, de aquello que fue luego la organización eclesiástica católica. Esta última surgió a partir de una sucesiva paganización de la ecclesia en el sentido primitivo, de la cual en una cierta medida traicionó su espíritu, a favor de un residuo de imperialidad exteriormente ritual y jerárquica, según un compromiso antes resaltado. En la *ecclesia,* cual en vez aparece en las primeras comunidades cristianas, nosotros tenemos algo diferente, que constituye el primer germen de aquello que deberá conducir al tipo de la sociedad moderna euro-americana.

En el imperio el principio era: jerarquía, investidura de lo alto. En la *ecclesia* cristiana el mismo fue: igualdad, fraternidad. En el imperio existían señores y siervos. En la *ecclesia* tales relaciones se despersonalizaron: se trató de un lazo entre seres iguales, sin jefes, sin distinción de clase o de tradición mantenidos juntos tan sólo por la recíproca dependencia y la idéntica necesidad de las almas cada una insuficiente a sí misma. En otras palabras, nació la socialidad, la forma de un puro vivir asociados, de un estar juntos en alguna cosa colectiva, en una solidaridad igualitaria.

Y ahora descendamos hasta la Reforma. La Reforma fue el retorno al cristianismo primitivo en contra de un límite de paganización, que con el humanismo, había alcanzado la iglesia católica. La intransigencia protestante puso fin al compromiso católico, en el sentido de conducir hasta el fondo la dirección del anti-imperio. Desvinculando a las conciencias de Roma, inmanentizó y socializó a la Iglesia y convirtió paulatinamente en acto en una realidad política a la forma de la *ecelesia* primitiva. En lugar de la jerarquía desde lo alto, a través de la Reforma se le sustituyó la libre asociación de los creyentes emancipados del vínculo de la autoridad, convertidos anárquicamente cada uno de ellos en árbitro de sí mismo al mismo tiempo que igual a cada uno de los otros. Fue en otras palabras: el principio de la decadencia liberal-democrática europea, en contraposición con cualquier idea imperial; la revolución protestante ha abierto el camino al modo de una organización apoyada no sobre jefes, sino sobre la suma de los individuos singulares, de una organización proveniente de lo bajo y que se agota en un lazo impersonal y mecánico, en una realidad puramente colectiva que se autogobierna y auto justifica. Esta dirección ha absorbido a los países anglo-sajones y hoy tiende a un universalismo propio: así como en las distintas naciones la misma cancela la diferencia de los diferentes individuos en el vínculo social, última instancia en sí misma, del mismo modo ella tiende a borrar también las diferencias y los privilegios de las diferentes naciones poniéndolas a todas en un mismo rango en el anónimo internacionalismo de una "Sociedad o Sindicato de las Naciones". Al mismo tiempo, la religiosidad se humaniza y se aburguesa siempre más, tiende siempre más a identificarse con la socialidad. Las últimas orientaciones hacia una "religión del servicio social" o "del trabajo" y la preponderancia creciente del interés y de la intransigencia moralista sobre cualquier otro de carácter espiritual y metafísico, en los países protestantes lo prueban.

En conclusión: de la Reforma surge una postura coherente que separa del núcleo cristiano-pagano, presentado por los países católicos, el aspecto cristiano (en su forma moderada de ideal de vida asociada) y realiza un tipo diferente de Estado: el Estado democrático, el anti-imperio, el autogobierno de una masa soberana en sí misma, con apariencias de gobernantes siervos de los siervos en cuanto meros representantes dependientes y responsables con relación a las masas, en vez de ser éstas responsables respecto de aquellos y ellos a su vez, en tanto jefes, con respecto a ninguno.

Los países latinos en una cierta medida han permanecido inmunes al mal protestante. Pero con ello han también permanecido en el compromiso. Peor de todos Italia: casi como adormeciéndose en el recuerdo del imperio, parodiado por la iglesia, la misma no ha aun tenido la fuerza para hacer la revolución ni en un sentido ni en otro. Así pues por un lado el mal democrático se ha ido infiltrando sutilmente en su componente político, por el otro el mismo se apoya en la superestructura inerte y puramente simbólica de la iglesia, extraña a su realidad política.

Pero este estado de cosas no puede durar. Será cuestión de tiempo, aunque los países latinos, y en primer término Italia, deben decidirse: o ellos lentamente padecerán el protestantismo organizándose a la manera de las sociedades anglo-sajonas desplazando paulatinamente a la iglesia con una religión inmanente de la socialidad; o bien deben reaccionar e imponerse con una revolución en un sentido inverso, llevando a cabo la otra solución posible.

La revolución que puede salvar a Italia del peligro protestante, del peligro euro-americano, es la revolución anticristiana, la revolución pagana como restauración del Imperio Sacro. La única vía para salvar la tradición mediterránea y romana no en retóricas vacías, sino en el carácter concreto de una realidad social es ésta. Y ésta representa también la única auténtica contrarreforma. El que tenga coraje que lo entienda. Aquel que en cambio no lo tiene, que no entienda.

Así corno la revolución protestante superó el compromiso católico y cristianizó el Occidente en la estructura y en el valor de la socialidad democrática, nosotros, en contra de la Reforma, superamos el mismo compromiso, pero para afirmar la otra alternativa posible, si bien aun no existente. Sobre la base de una restauración de la espiritualidad pagana, nosotros debemos crear una sociedad regida por los valores de la jerarquía, de la organización de lo alto, de la aristocracia, del dominio y de la Sabiduría, es decir, de aquellos valores imperiales de los cuales en parte la iglesia de Roma en manera contradictoria se enmarcó y que, luego del jaque de la misma iglesia en el curso de un experimento bimilenario, son afirmados en forma cruda, neta y libre de cualquier compromiso y de cualquier enmascaramiento o atenuación, por parte de personas capaces de todo que no se avergüencen de descender de la más gran realidad mediterránea jamás existida y que por ende, en contra de toda Europa, osen corno nosotros declararse paganos.

4.- LOS VALORES PAGANOS DE RESTAURACIÓN

Hemos hablado de "espiritualidad pagana". En efecto no hay fábula más absurda que aquella que le otorga a la paganidad un significado de materialidad, e incluso de corrupción; y el cristianismo en cambio como la síntesis más alta de todo aquello que es espiritual; ni tampoco una ceguera más grande que aquella de quien no se da cuenta de que tan sólo sobre la base de la superación de los valores cristianos y de la concepción cristiana del hombre y del mundo —superación que remite al mundo pagano, a la anti-Europa— es posible crear la conciencia y la potencia de la cual puede resurgir el imperio.

El dualismo y la trascendencia deben ser superados: a la concepción cristiana que en el hombre reaviva a un ser radicalmente otro respecto de Dios, un condenado a quien tan sólo la gracia o el "Salvador" pueden redimir, y sólo una "revelación" iluminar, debe contraponérsele aquella concepción para la cual el hombre aparece como un gesto y un acto del mismo infinito, capaz de arribar por sí a la verdad, a la salvación, a la participación en una vida inmortal. A la fe que sueña en el "reino de los cielos" y en el espíritu como absoluta trascendencia con respecto al mundo, se oponga el sentido de una unidad libre e inmanente, encerrada en sí misma, materia de dominio: la realidad del mundo debe ser reconocida y, a decir verdad, como aquella del lugar mismo en donde de un hombre se recaba un Dios, de la "tierra" un "sol".

Por lo cual a la renuncia y al "mito" del Dios crucificado que sufre y que ama, deberá oponérsele el del hombre-dios como un ser radiante de luz y potencia, en el cual la espiritualidad se confirma en la victoria y en el *imperium*. A la raza de los "siervos y de los Hijos del Padre", le será opuesta la de seres liberados y liberadores, que en el Dios ven simplemente a la más alta de las potencias, a la cual libremente hay que obedecer o contra la cual virilmente luchar, con la frente alta, sin contaminación de sentimientos, de abandonos, de plegarias. Al sentido de dependencia y de necesidad, le será opuesto el de la suficiencia, de la helénica "autarquía"; a la voluntad de igualdad la voluntad de diferencia, de distancia, de jerarquía, de aristocracia; a la promiscuidad místico-comunista, la firme individualidad; a la necesidad de amor, de felicidad, de compasión, de paz, de consuelo, el desprecio heroico hacia todo ello y la ley de la pura voluntad y de la absoluta acción; a la concepción providencial, la concepción trágica por la que el hombre se sienta solo consigo mismo entre las contingencias de las fuerzas, en modo tal de saber que si él no se convierte en el salvador de sí mismo nunca ningún otro lo podrá salvar. Borrar el sentido del "pecado", borrar la "mala conciencia", tomar sobre sí toda responsabilidad, duramente; cerrar la puerta a cualquier fuga, dominar el alma, fortificar el íntimo corazón.

No más "hermanos" ni "Padres", sino hombres, principio y fin en sí mismos, encerrados cada uno en sí como mundos, rocas, cimas, sin evadirse, vestidos tan sólo con la propia fuerza o debilidad: cada uno un lugar —un puesto de combate— una cualidad, una vida, una dignidad, una fuerza distinta, sin par, irreductible. Imponerse a la necesidad de "comunicar" y de "comprenderse", a la contaminación del vínculo de fraternidad, a la voluptuosidad de amar y de sentirse amado, de sentirse iguales y juntos, a esta sutil fuerza de corrupción escondida por el cristianismo que disgrega la individualidad y la aristocracia. La incomunicabilidad debe ser querida, por un sentido de respeto absoluto y de no-contaminación: fuerzas más fuertes y fuerzas más débiles, la una junto a la otra o la una en contra de la otra, lealmente, fríamente reconocidas, en la disciplina del espíritu interiormente inflamado aunque exteriormente rígido y templado como el acero, que contiene en una magnífica medida la desmesura del infinito: militarmente, como en una empresa de guerra, como en un campo de batalla. Un estado de justicia absoluta; nada de "infinito", relaciones precisas, orden, cosmos, jerarquía, sentido de las castas, individuación absoluta.

Todo esto debe querer el que quiere el Imperio. Ni tampoco ello basta. Es difícil darse perfectamente cuenta hasta qué punto el cristianismo y el mal democrático hayan hundido sus raíces en la cultura contemporánea y en la mentalidad misma de aquellos que quedarían sumamente asombrados en ser denominados como cristianos o democráticos. No sólo la estructura de la sociedad moderna, que refleja el tema predominante de la *"ecclesia"*, sino, como dijéramos, los mismos presupuestos de la ciencia, de la técnica y del saber occidental padecen un mismo mal. En el dualismo de la ciencia por el que la misma no sabe ver sino muertos fenómenos de acuerdo a una cruda alteridad escindida de las potencias del Yo, se tiene la extrema consecuencia de la violenta escisión y oposición del espíritu respecto de la naturaleza, que el cristianismo afirmó en contra del concepto viviente, orgánico, mágico de la naturaleza, que los antiguos comprendían en vez como un sistema armonioso hecho de dioses, de inteligencias, de símbolos, de gestos rituales. Y como entonces a la conciencia interior, directa, espiritual atribuida a la Sabiduría, al ojo sidéreo abierto por el fuego de las iniciaciones, se le sustituyó el saber exterior, intelectual, fenoménico, discursivo-científico; de la misma manera a la conexión orgánica y simpática del hombre con las fuerzas profundas de las cosas, preconizas por la magia y por la teúrgia, se sustituyó una relación extrínseca, indirecta, violenta: la relación propia de la técnica y de la máquina. En tal sentido la revolución cristiana contiene el germen de la mecanización y de la abstracción del espíritu moderno; y el democratismo, el igualitarismo, el anti-individualismo se vuelve a hallar en todas las formas de éste: se reencuentra en el carácter formal del saber científico, para el cual es verdadero tan sólo aquello que todos, cualquiera sea la vida en la cual se dejen vivir, con tal de que tengan un cierto grado de "cultura", pueden reconocer; se vuelve a encontrar en la potencia dada por la técnica, hecha de mecanismos y de automatismos tales de producir los mismos efectos con absoluta indiferencia de la cualidad de quien actúa, tal pues de hacer, según violencia, más poderoso a uno sin que al mismo tiempo lo transforme y lo convierta en superior; virtud, esta última, que se vuelve a encontrar luego en la fuerza bruta del oro, con la cual, en vez que con su más vasta vida y directa energía, los hombres hoy dominan a los hombres, y en lo cual han caído, en una automatismo que nivela a todos los seres, las antiguas, vivientes, personalizadas relaciones de dependencia entre jefes y súbditos, entre señores y siervos.

El imperio no es posible mientras perdure un tal estado de cosas. Sobre esta base, toda jerarquía será exterior, ficticia, contingente. Es necesario enuclear las élites en las cuales se vuelva a despertar el sentido pagano, mediterráneo de la vida y de la Sabiduría, es necesario crear una cualidad más allá de la cantidad y del determinismo de las meras condiciones de existencia: éste es el principio. La organización social moderna se agota, aproximadamente, con las dos castas inferiores del antiguo Oriente: la de los siervos (obreros, empleados, soldados, etc.) y la de los mercaderes (industriales, banqueros, trusts, etc.). Por encima de este estrato hay que restaurar el equivalente de las otras dos castas: la de los Guerreros y la de los Sabios, de las cuales el Occidente moderno ya no sabe casi más nada.

En oposición a las ideologías pacifistas, humanitarias, internacionalistas —filiaciones en gran parte directas del cristianismo— en primer lugar debe ser despertada, a título de superior jerarquía, la raza de aquellos que en la guerra, querida en sí misma, en modo puro y sobrehumano, superior al éxito como al fracaso, al placer como al dolor *(Bhagavad-gitá)* reconocen el valor y el fin, y en el heroísmo y en la gloria de los cuales puede arder la superior justificación, el acto de toda una estirpe.

Más allá de los guerreros, la raza de los que "ven" y que "pueden": seres solares y suficientes, raza de señores, casi no más hombres, de la mirada larga, temible, lejana, y que "son por sí mismos", que no toman sino que dan en superabundancia de luz, de fuerza, de exaltación interior y en vida decidida se dirigen de acuerdo a un orden jerárquico que no viene de lo alto, sino de la misma relación dinámica natural de las propias intensidades, hasta expresar el vértice oculto y vertiginoso que sostiene y justifica al *imperium*.

Éste es el punto central y el límite para la superación del cristianismo. El cual, afirmando discontinuidad y diferencia sustancial entre hombre y Dios, negó la posibilidad de aquello que es propiamente conocimiento e identificación, transformación divina del hombre; estuvo privado pues de una enseñanza esotérica más allá de aquello que es simple religión popular y confundió lo espiritual con la fe, la devoción, la plegaria, el temor de Dios, el sentimiento. Es así como una jerarquía religiosa cualquiera, inspirada por el cristianismo, que se agregase eventualmente a una organización política, efectivamente no agregaría nada: no prolongaría, es más, rebajaría aquello que es sólo humano en la dirección de un ablandamiento del alma, de una abdicación del Yo, de una remisión pasiva y vana de la trascendencia. No ofrecería un centro, una justificación, una luz.

No es por cierto a tal respecto que nosotros entendemos la síntesis entre los dos poderes, sagrado e imperial, sino a la manera que interviene espontáneamente cuando el lugar y la dignidad usurpada por parte de "aquellos que creen" sean restituidos a "los que saben" y que "son".

Saber, en el orden de la tradición mistérica, no quiere decir ni pensar, ni creer, ni suponer, sino ser. El ascenso a través de los grados del saber es una diferenciación de grados siempre más vastos de autoconciencia, de individualidad, de posibilidades supra-normales y meta-físicas. Quizás aquí, nuestras palabras pueden no resultar totalmente claras, ni es el caso de decir respecto del sentido de aquellos ritos de iniciación que en muchas tradiciones se vinculaban a la investidura imperial. Basta tan sólo con declarar que nosotros aludirnos a una realización interior y a su vez no reductible a nada de "moral", de "ideal", o de "religioso", a una realización absolutamente positiva por la cual un hombre cesa efectivamente de ser hombre, estando desvinculado de gran parte de las condiciones psico-físicas por las cuales el concepto de hombre es definido. Y esta realización es objeto de una ciencia *sui generis,* bailable en el Yoga hindú y en las tradiciones misteriosóficas, mágicas y teúrgicas, como también, en forma desordenada, en las vidas y en las disciplinas de los grandes místicos y santos de todo tiempo y lugar.

Es esta superioridad efectiva y real la que dará el sentido al término "espiritualidad" y que será puesta como el centro, del cual procederá la dignidad, el atributo y la función efectiva de la realeza; la cual a su vez se testimoniará en el *imperium,* casi como según la más antigua tradición por la cual los Reyes eran tales en virtud de un fuego atraído desde el cielo, que los investía y los testimoniaba con la profecía y la videncia, con el poder de salvación, con la fascinación irresistible sobre las multitudes y con la gloria de la victoria.

Vita Nova. Noviembre de 1927.

Capítulo I.

NOSOTROS LOS ANTIEUROPEOS

La "civilización" actual de Occidente se encuentra a la espera de un cambio sustancial sin el cual la misma está destinada, tarde o temprano, a derrumbarse.

Ésta ha efectuado la perversión más completa en cada orden racional de las cosas.

En tanto convertida en reino de la materia, del oro, de la máquina, del número, en ella ya no se encuentra más respiro, ni libertad, ni luz. Occidente ha perdido el sentido de mandar y de obedecer.

Ha perdido el sentido de la Acción y de la Contemplación.

Ha perdido el sentido de la jerarquía, de la potencia espiritual, de los hombres-dioses.

Ya no conoce más la naturaleza. Ésta no es más para el hombre occidental un cuerpo hecho de símbolos, de Dioses y de gestos rituales, un *cosmos* espléndido, en el cual el hombre se mueva libre, como "un reino en un reino". La misma ha en vez decaído en una exterioridad opaca y fatal, y de la cual las ciencias profanas buscan ignorar el misterio con pequeñas leyes y pequeñas hipótesis.

Occidente no conoce más la Sabiduría: no conoce más el silencio majestuoso de los dominadores de sí mismos, la calma iluminada de los Videntes, la soberbia realidad "solar" de aquellos en los cuales la idea se ha hecho sangre, vida y potencia. A la Sabiduría se le sustituido la retórica de la "filosofía" y de la "cultura", el reino de los profesores, de los periodistas, de los *sportsman,* es decir, el equema, el programa, la proclama. La misma ha sido suplantada por las contaminaciones sentimentales, religiosas, humanitarias, y por la raza de los charlatanes que se agitan y que corren ebrios en la exaltación del "devenir" y de lo "práctico", puesto que el silencio y la contemplación le producen miedo. Occidente ya no conoce más el Estado. El estado-valor, el *Imperium,* como síntesis de espiritualidad y realeza, como vía hacia el "supramundo", tal como ha sido conocido por las grandes civilizaciones antiguas, —desde China hasta Egipto, desde Persia hasta Roma y el Sacro Romano Imperio de la Nación Germánica— ha sido sumergido en la miseria burguesa de un *trust* de esclavos y de traficantes.

Qué es lo que sea la guerra, la guerra querida en sí misma, como un valor superior, sea al vencer como al perder, como una vía sagrada de realización espiritual, por la cual la sede celeste de Odín, el Walhalla, es privilegio de los héroes que han caído en el campo de batalla; por la cual en el Islam la "guerra santa", *jihád,* es sinónimo de "vía de Dios"; por la cual en la India ariana el guerrero aparece al lado de los ascetas y en la antigüedad clásica la *mors triumphalis* es concebida como una victoria sobre la muerte. Qué es lo que sea una tal guerra ya no lo saben más estos formidables "activistas" de Europa, que no conocen más guerreros sino tan sólo soldados [NDT.- Aquí el término "soldado" es referido a su origen etimológico de sueldo o los italianos "soldo", "assoldato", es decir de aquellos que sólo luchan por dinero], y que una pequeña guerra les resulta suficiente como para aterrorizarse y recaer en la retórica del humanitarismo, del pacifismo y del sentimentalismo.

Europa ha perdido la simplicidad, ha perdido la centralidad, ha perdido la vida. El mal democrático y el veneno judeo-cristiano la corroen en todas sus raíces, hasta en el derecho, en las ciencias, en la especulación. Jefes, es decir, seres que se destaquen no por la violencia, no por la avidez de lucro, no por la habilidad demostrada en explotar esclavos, sino en vez por irreductibles y trascendentes cualidades de vida, ya no existen más. Europa es un gran cuerpo anodino, poseído y sacudido por una angustia, la cual nadie se anima a expresar, que tiene oro en vez de sangre, máquinas y fábricas en vez de carne, papel de diario en vez de cerebro; un cuerpo informe que se revuelve inquieto, impulsado por fuerzas oscuras e imprevisibles, que aplastan implacablemente a cualquiera que intente oponérseles o tan sólo sustraerse de tales engranajes.

Todo esto es lo que ha podido lograr la "civilización" de Occidente. Éste es el alardeado resultado de la superstición del "Progreso", tras haberse apartado de la imperialidad romana y de la Hélade dórica, más allá de todas las otras formas ejemplares de las grandes civilizaciones arianas primordiales.

Y el círculo se cierra cada vez más alrededor de los pocos que aun sean capaces del gran disgusto y de la gran rebelión.

El nuevo símbolo

¿Es aun posible una liberación y una renovación en este mundo en crepúsculo?

¿Existe todavía en Europa tanta fuerza como para poder asumir la conciencia y la voluntad de una tal tarea?

No nos ilusionemos: tan sólo luego de haber entendido esto se podrá actuar. Debe reconocerse la amenazante realidad de un proceso espiritual destructivo, cuyas raíces se remontan hasta casi el terreno de la prehistoria; cuyas fases culminantes coinciden con aquello que los hombres contemporáneos exaltan como sus valores esenciales de civilización; cuyos influjos ya se manifiestan en cualquier ámbito de pensamiento y de acción.

No se trata de compromisos, tampoco de adaptaciones. Es necesaria toda la potencia y el vigor de una nueva Edad Media. Es necesario un cambio radical y profundo, una rebelión de barbárica pureza, sea interior como exterior. Filosofía, "cultura", política cotidiana: no queremos nada de todo esto. No se trata de darse vuelta hacia otro lado en este lecho de agonía. De lo que se trata es de despertarse finalmente, de ponerse de pié.

Por todas partes existen todavía hombres, memoriosos de una antigua nobleza, los cuales ahora, como simples sujetos, advierten el malestar convertido en algo insoportable y se sienten impulsados a reacciones ahora en uno como en otro dominio cultural. Antes de que sea demasiado tarde deben ser elevadas hasta la conciencia de estos extraviados lo que son las líneas de altura, más allá de cualquier límite y de cualquiera de los intereses particulares que hoy en día corroen a las propias fuerzas. Una acción implacable debe hacer en modo tal de obtener que su fuerza más pura llegue a manifestarse, como algo invencible, listo para hacer añicos la caparazón de retórica, de sentimentalismos, de moralismos y de hipócrita religiosidad, con los cuales Occidente ha recubierto y humanizado todo. Aquel que penetra en el templo —y sea también éste un bárbaro— tiene el innegable deber de expulsar de allí como corruptores a todos aquellos que han hecho un monopolio del "Espíritu", del bien y del mal, de la Ciencia y de lo Divino y que recaban ventaja de todo ello proclamándose sus pregoneros, mientras que en verdad todos éstos no conocen otra cosa que no sea la materia y aquello que las palabras, el miedo y la superstición de los hombres han estratificado sobre la materia.

Hay que decir ¡basta! a todo esto a fin de que algunos hombres sean restituidos a los vastos caminos, al vasto peligro, a la vasta mirada y al vasto silencio; a fin de que el viento de lo vasto sople nuevamente —el viento de la tradición nórdica primordial— y despierte a los occidentales que duermen.

Antifilosofía, antihumanitarismo, antiliteratura, anti-"religión": ésta debe ser la consigna. ¡Basta! hay que decir a los esteticismos y a los idealismos; ¡basta! a la sed del alma que se crea un Dios judaico al que hay que adorar e implorar; ¡basta! a la "necesidad" que ata conjuntamente a hombres-mendigos con el vínculo común, para darles, en una recíproca dependencia, aquella consistencia de la cual cada uno carece.

Hay que pasar más allá, por encima de todo esto, con fuerzas puras. A las cuales por lo tanto se le pondrá enfrente una tarea, que trasciende la "política", que trasciende el prejuicio social, que ignora el gesto clamoroso y la resonancia exterior, que es tal que no puede satisfacerla en nada la fuerza material vibrada sobre las cosas y sobre las personas.

En el silencio, a través de una dura disciplina, a través del dominio y superación de sí mismo, nosotros debemos crear con un esfuerzo tenaz y activo una *"élite"*, en la cual reviva la Sabiduría "solar": aquella *virtus* que no se deja hablar, que surge de lo profundo de los sentidos y del alma y que no se testimonia con argumentos y libros, sino con actos creativos.

Nosotros debemos despertarnos a una renovada, espiritualizada y austera sensación del mundo, no como un concepto filosófico, sino como algo que vibre en nuestra misma sangre: a la sensación del mundo como potencia, a la sensación del mundo como ritmo, a la sensación del mundo como acto sacrificial. Esta sensación creará figuras duras, fuertes y activas, seres hechos de fuerza y luego tan sólo de fuerza, abiertos hacia aquel sentido de libertad y de nobleza, a aquel respiro cósmico del cual los "muertos" que en Europa lo han balbuceado ni siquiera han sentido un soplo del mismo.

Frente a la ciencia profana, democrática y material, siempre relativa y condicionada, esclava de fenómenos y de leyes incomprensibles, sorda a la más profunda realidad del hombre, debemos despertar —en esta *élite*— la ciencia sagrada, interior, secreta y creadora, la ciencia de la realización y de la "dignificación" de sí mismo; la ciencia que conduce a las fuerzas ocultas que rigen nuestro organismo y se unen con las invisibles raíces de la raza y de las cosas mismas, y que sobre estas fuerzas crea un dominio; por lo cual, ya no como un mito, sino como la más positiva de las realidades, que renazcan hombres cuales seres no pertenecientes más a la "vida", sino a lo que ya es "más que vida" y capaces de una acción trascendente.

Entonces habrá Jefes, una raza de jefes. Jefes invisibles que no hablan y que no se muestran, pero cuya acción no conoce resistencia y que todo lo pueden. Y entonces un centro existirá nuevamente en el Occidente, en este Occidente que hoy carece de centro.

Es absolutamente un error pensar que se pueda llegar a una renovación si es que no se restablece una jerarquía, es decir, si no se sustenta algo que se encuentre más-allá de las formas inferiores, vinculadas a la tierra y a la materia, al hombre y a lo humano, en una ley más alta, en un derecho más alto, en un orden superior que pueda hallar confirmación tan sólo en la realidad viva de los Jefes.

Es absolutamente un error creer que el Estado pueda ser una cosa diferente de una *civitas diaboli,* si es que no resurge como *Imperium: y* es también un error querer construir el *Imperium* sobre las base de factores económicos, militaristas, industriales, o aun "ideales", o nacionalistas. El *Imperium* —de acuerdo a la concepción primordial enraizada en la Tradición— es algo trascendente, y lo realiza sólo aquel que tenga la fuerza de trascender la pequeña vida de los pequeños hombres, con sus apetitos y sentimentalismos, con sus rudimentarios orgullos nacionales, con sus "valores", "disvalores" y Dioses.

Esto lo comprendieron los Antiguos cuando, en lo más alto de su jerarquía, veneraban a seres cuya naturaleza regia se unía a la sacra', en los cuales la potencia temporal se impregnaba de la autoridad espiritual de naturaleza "no más humana", portadores de una fuerza secreta e invencible de "victoria" y de "fortuna"; cuando vivían en cada guerra una suerte de "guerra santa", algo universal, desconcertante, que todo lo revolvía y reorganizaba, con la pureza y fatalidad de las grandes fuerzas de la naturaleza.

¿Comprenderán esto también aquellos que aun pueden y quieren oponer resistencia? ¿Comprenderán que no existe otra alternativa? ¿Comprenderán que no hay ningún otro espíritu que —aun en otras formas y en otras figuras— deba ser despertado? ¿Qué ésta es la condición por la cual cualquiera de sus "revoluciones" pueda no ser sólo una pequeña contingencia de una nación en particular, sino convertirse en un concepto universal, en un primer rayo de luz en la niebla espesa de la "edad oscura", del *kali-yuga* occidental? ¿El principio de la verdadera restauración, del único saneamiento posible?

La tradición primordial nórdico-solar

Hemos hecho mención de una tradición nórdica primordial. No se trata aquí de un mito, sino de nuestra verdad. Ya en la más remota prehistoria, allí donde la superstición positiva suponía hasta ayer al habitante simiesco de las cavernas, ha existido una civilización primordial unitaria y poderosa, de la cual resuena aun un eco en todo lo que el pasado puede ofrecernos como lo más grande en tanto símbolo eterno.

Los Iranios hablan del *Airyanem-Vaéjb,* localizado en el más extremo Norte, y en ello ven la primera creación del "dios de la luz", el origen de su estirpe y también la sede del "esplendor" —*hvarenó*— de aquella fuerza mística propia de las razas arias, y sobre todo, de aquellos reyes divinos; ven en ello —de manera simbólica— el "lugar" en donde la religión guerrera de Zarathustra habría sido revelada por primera vez. De manera correspondiente, la tradición de los Indo-Arios conoce el*2eta-*

dvipa, la "Isla del esplendor", localizada ella también en el extremo Norte, allí donde *Naráyána,* aquel que "es la luz" y "que se encuentra por encima de las aguas", es decir, por encima del azar de los acontecimientos, tiene su sede. Ella habla también de los *Uttarakura,* una raza nórdica primordial, comprendiendo como nórdico a la vía solar de los dioses —*deva-yána*— y en el término *uttara* debe comprenderse el concepto de todo lo que es sublime, elevado y superior, de aquello que en sentido metafórico puede denominarse *árya,* ario o ariano, de acuerdo al concepto nórdico. Nuevamente las estirpes dórico-aqueas son herederas de los legendarios Hiperbóreos nórdicos: desde aquí habría venido el dios y héroe más característico de esta raza, el Apolo solar, el aniquilador de la serpiente Pitón; de aquí Hércules —el aliado de los dioses olímpicos en contra de los gigantes, el aniquilador de las Amazonas y de los seres elementales, el "bello vencedor", del cual más tarde muchos reyes griegos y romanos se consideraron, por decirlo así, como sus *avatára*— habría llevado el olivo con cuyas ramas se coronan los victoriosos (Píndaro). Pero en la Hélade, este tema nórdico está relacionado también con el de Thule, la misteriosa tierra nórdica, que a veces se convierte en la "Isla de los Héroes" y el "País de los Inmortales", donde reina el rubio Radamante, la "Isla del Sol" —*Titule ultima a sole nomen habens*— cuyo recuerdo permaneció tan vivo que, en la convicción de reconocerla en Bretaña, Constancio Cloro se puso en marcha con sus legiones, no tanto por la gloria militar, cuanto por alcanzar la tierra "que está más cerca del cielo y la más sagrada que cualquier otra región", en el sentido de anticipar con ello su apoteosis de César. Muchas veces en las tradiciones nórdico-germánicas, el Asgard, la sede de los Asen y de los héroes transformados, se superpone a otra similar morada divina; y los reyes nórdicos, que eran considerados como semidioses Asen —*semkleos id est ansis*— y procuraban a sus pueblos la victoria con su potencia mística de la "fortuna", transfirieron hacia aquella tierra "divina" el origen de su dinastía. Nórdico o nórdico-occidental es en las tradiciones gaélicas *Avallon,* del cual tuvo su origen la pura raza divina de los *Tuatha dé Danann,* los heroicos conquistadores de la Irlanda prehistórica, entre los cuales el héroe Ogma corresponde precisamente al Hércules dórico. Es el Avallon, que por otro lado se funde con *Tirnam Beo,* la "Tierra de los Vivientes", el reino de Boadag, el "Victorioso". También los Aztecas tienen su tierra originaria en el Norte —en el Aztlan, que es también denominada la "Tierra Blanca" o la "Tierra de la Luz", de la cual partieron bajo la guía de un dios-guerrero, Huitzilopochtli: así pues, también los Toltecas reivindican, cual sede originaria, Tlalocan, Tollan o Tula, que, como la Titulé griega, es ella también la "Tierra del Sol" y se funde con el "paraíso" de los reyes y de los héroes caídos en el campo de batalla.

Éstas son sólo algunas de las referencias concordantes, rastreables en las más diferentes tradiciones como recuerdo de una civilización nórdica primordial y de una patria en la cual se unió, en el modo más estrecho, una espiritualidad trascendente extrahumana con el elemento heroico, regio y triunfal: hacia la forma victoriosa sobre el *caos;* hacia la superhumanidad victoriosa sobre todo lo que es humano y telúrico; hacia la "solaridad" como símbolo principal de una virilidad trascendente, como ideal de una dignidad que en el orden de las fuerzas espirituales corresponde a aquello que sobre el plano material son el soberano, el héroe, el dominador. Y, mientras que los rastros de la tradición nos remiten a una vía del Norte hacia el Sur, del Occidente hacia el Oriente que han recorrido las razas que conservan tal espíritu, en tiempos más recientes, las más grandes formaciones de pueblos arianos atestiguan, en el tipo de sus valores y cultos más puros, de sus divinidades e instituciones más características, justamente a esta fuerza y a esta civilización, así como a la lucha en contra de razas meridionales inferiores, que se encuentran ligadas a la tierra y a los espíritus de la tierra, a la parte "demónica" e irracional del ser, a lo promiscuo, a lo colectivo, a lo totémico, a lo caótico o a lo "titánico".

Por otro lado aconteció —y las referencias anteriores ya lo muestran—que aquello que era historia se convirtió en suprahistoria: mientras que la "Tierra de los Vivientes", la "Roca de los Héroes", la "Isla del Sol", por un lado encerraron el secreto del origen, y por el otro develaron el secreto de la vía hacia el renacimiento, hacia la inmortalidad y hacia la potencia suprahumana: vía que en medida eminente puede conducir a la tradicional dignidad regia. Los factores históricos se convirtieron así en factores espirituales, la tradición regia se convirtió en la Tradición en el sentido trascendente, y por ende en algo que, por encima del tiempo, se encuentra permanentemente presente. Símbolos, signos y sagas nos refieren, a través de vías subterráneas, una única Tradición, para darnos testimonio de una única "ortodoxia", en donde siempre han sido alcanzados los correspondientes ápices, en donde siempre la espiritualidad "solar" ha reinado sobre las fuerzas inferiores.

Así pues, en tiempos posteriores, ya vinculados al destino del oscurecimiento de lo "divino" *—ragna-rókkr—* entre estirpes dispersas en sus fuerzas y en sus jefes, el elemento racial "nórdico", al separarse del elemento "espiritual", al cual originariamente pertenecía, se convirtió en una categoría, en un tipo general de civilización y de comportamiento ante lo suprahumano, lo cual puede reencontrarse también allí donde no se conserva ningún recuerdo de una correlación étnica en sentido estricto; tipo que puede por lo tanto reunir entre sí a civilizaciones diferentes en el momento en el cual éstas revelen una fuerza espiritual formativa, del mismo modo que en lo interno de aquella tradición primordial han Influenciado los elementos inferiores y la multiplicidad de la materia.

Por lo tanto, la romanidad pagana debe ser considerada como la última gran acción creativa del espíritu nórdico, como el último intento universal, y en gran parte logrado durante un ciclo completo, de hacer resurgir las fuerzas del mundo en las formas de una civilización heroica, solar y viril: una civilización que se encontraba cenada a cualquier fuga mística; que se atuvo al tipo aristocrático-ario de los *patres,* los señores de la lanza y del sacrificio, que fue misteriosamente confirmada por los signos nórdicos del Lobo, del Águila y del Hacha; que estuvo viva sobre todo en el culto olímpico-guerrero de un Zeus y de un Hércules, de un Apolo y de un Marte; en el sentimiento de deberle a lo divino la propia grandeza y su *aeternitas;* en la acción como rito y en el rito como acción; en la experiencia límpida y sin embargo poderosa de lo sobrenatural, el que fue reconocido en el mismo Imperio y culminó en el símbolo de César como *numen.*

El derrumbe de Roma pagana es el derrumbe del más gran baluarte tradicional y solar, y en las fuerzas que prevalecientemente han contribuido a esta caída no es difícil reconocer aquello que ha abierto el camino a todas las desviaciones y degeneraciones sucesivas, hasta arribar el estado de la Europa actual.

La ola semítica, oscura y bárbara, enemiga de sí misma y del mundo, que en la supresión frenética de toda jerarquía, en la exaltación de los débiles, de los desheredados, de los carentes de nacimiento y de tradición, en el rencor hacia todo aquello que es fuerza, suficiencia, sabiduría y aristocracia, en el fanatismo intransigente y proselitista, fue en efecto veneno para la grandeza de Roma, fue a un mismo tiempo sustancia galvanizadora para todos los factores asiático-meridionales de la decadencia, los cuales ya habían penetrado en la estructura de Roma, y por lo tanto la causa principal del ocaso del Occidente.

En la judaización del mundo greco-romano y luego nórdico, lo cual debe en gran medida acreditarse al cristianismo, se tiene de hecho la rebelión de los estratos inferiores de aquellas razas, a través de cuyo dominio los pueblos nórdico-arios habían arribado a sus espléndidas civilizaciones. El espíritu de Israel, que ya había determinado el sentido colectivo de la "culpa" y de la "expiación", pero que sobre todo emergió luego de la derrota y la esclavitud del "pueblo elegido" y que con el profetismo sepultó los residuos del espíritu aristocrático de los fari evoca las mismas fuerzas inferiores del telurismo egeo-pelásgico que las estirpes aqueas habían subyugado; las de la casta de los *oldra,* la denominada casta "oscura" —*krshña*— y casta demónica —*asurya*— sobre la cual se elevaron en la India, como forma sobre el *caos,* las jerarquías de las tres castas más altas de los renacidos—*dvíja*— hasta el tipo del *brámana* y del rey, comprendido como "una gran divinidad bajo forma humana"; en fin, las fuerzas de aquello que el mito nos refiere bajo la forma de los *Rinthursi* nórdicos o de las escuadras de Gog y de Magog, a las cuales Alejandro Magno les habría cerrado el paso con una simbólica muralla de hierro.

Estas fuerzas, que en el cristianismo primitivo actuaron espiritualmente, destruyeron el espíritu. Mientras que por un lado, atenuándose, se definieron en la Iglesia católica las formas de una espiritualidad lunar, esto es, de una espiritualidad cuyo tipo no es más el rey sacral, el iniciado solar o el "héroe", sino el santo, el sacerdote que se arrodilla ante Dios y cuyo ideal no es más la jerarquía guerrero-sacral y la "gloria", sino la comunidad fraterna y la *caritas;* por otro vemos en la Reforma y en el Humanismo, a la originaria naturaleza antitradicional, primitiva anárquica, disgregadora, de estas mismas fuerzas. Y, a través de las revoluciones políticas, en el liberalismo, en la aparición de lo colectivo, una causa genera a la otra, a una caída le sigue otra caída. En todas las formas de la sociedad moderna —y también en la ciencia, en el derecho, en las ilusiones de la técnica y del poderío de la máquina— se revela, por más paradojal que ello pueda parecer, el mismo espíritu; triunfa la misma voluntad niveladora, la voluntad del número, el odio hacia la jerarquía, hacia la cualidad y la diferencia; se refuerza el vínculo colectivo e impersonal, hecho de mutua insuficiencia, propio de la organización de una raza de esclavos en rebeldía.

Y además: así como el misticismo judeocristiano se encuentra en aquel *pathos* órfico-dionisiaco, que ya para la Grecia dórico-nórdica significaba una deformación del antiguo culto olímpico, y en el misticismo popular de Ísides, surgido de la decadencia de la tradición solar egipcia; del mismo modo, aquel elemento de "pasión" y de orgasmo, que determinó con el mesianismo y el milenarismo la promiscuidad de las plebes imperiales, —en contraposición con la superioridad calma de los jefes cesáreos, con la simple grandeza de los héroes homéricos, con la espiritualidad purificada y con el ideal autárquico del "filósofo" y del iniciado pagano— es también la raíz de toda desviación moderna en sentido romántico, infinitista e irracionalista. Luego de su secularización, este misticismo nos conduce hasta los mitos del "activismo", del "faustismo" y de la superstición contemporánea del progreso, hasta la mística semítica del instinto y del *"élan vital"*, hasta la exaltación del "evento" y de la "vida"; en síntesis, hasta la divinización del elemento salvaje, subpersonal, colectivo del hombre, el cual hoy parece haberse desencadenado como nunca, de modo tal de impulsar a individuos y a pueblos enteros hacia una dirección no querida por ellos.

Antes de la caída, frente a la marea judeo-cristiana, una vez más se levantó la otra fuerza, casi como para presentar una alternativa decisiva para el ulterior curso de la historia occidental del espíritu. Fue la tradición de los Arianos de Irán, la que surgió en la forma del culto guerrero de Mithra, el *avatára* del antiguo dios ario del cielo luminoso, el "Dominador del Sol", el "Matador del Toro", el héroe con la antorcha y el hacha, el símbolo de los renacidos "a través de la potencia", que un mito sincretista, pero no por esto menos significativo, asimila con el dios hiperbóreo de la edad del oro. Pero fuerzas más fuertes impidieron también esta posibilidad "solar".

Por lo tanto sobrevendrá luego la última gran reacción: el Sacro Romano Imperio de la Nación Germánica. Con tales "bárbaros" en realidad se presentan razas que están estrechamente emparentadas con las aqueas, paleo-iránicas y nórdico-arias en general y que, por decirlo así, se han conservado en un estado de pureza prehistórica. Y si su aparición, en tanto éstas se hallaban al reparo del aspecto material de un Imperio que ya se hallaba semitizado y asiatizado, podía aparecer como un fenómeno destructivo, sin embargo equivalió, desde un punto de vista superior, a un flujo revitalizador de espíritu heroico, a un contacto galvanizador con una fuerza espiritualmente emparentada con aquella a la cual la *romanitas* pagana había debido en su origen su grandeza solar. De este modo resurge en el mundo el antiguo símbolo romano, directamente defendido por las razas del Norte.

La civilización ecuménica imperial y feudal del Medioevo, más allá de su profesión meramente nominal de fe cristiana, fue valorada sobre todo desde este punto de vista. En ella se expresa una espiritualidad nórdico-romana, cuya milicia fue la caballería; cuyo centro suprapolítico fue el ideal imperial gibelino; cuyo rito fue la empresa de la Cruzadas. Esta últimas, en su carácter esencial, deben ser comprendidas como un retorno a la idea pagana de *mors triumphalis* más que por su impulso religioso exterior; cuya alma secreta, oponiéndose al cristianismo y fiel a una tradición más antigua y más alta, era todo lo que continuaba viviendo escondido en leyendas, mitos, órdenes guerrera y caballerescas, desde los Templarios hasta los Caballeros del Grial, hasta los Fieles del Amor.

Luego de la caída de la civilización medieval, luego de la destrucción de esta radiante primavera europea en su primer florecimiento, luego del desencadenamiento de aquellas fuerzas que han llevado a la secularización, a un particularismo y a un humanismo disgregados, han sido abiertas las vías para la última caída. La fuerza de la Tradición pasa de lo visible a lo invisible, se convierte en una herencia que se transmite en una cadena secreta de pocos a pocos. Y hoy algunos tienen un presentimiento de la misma, en intentos aun confusos, aun vinculados con lo humano y con lo material. Son aquellos que, por un oscuro instinto, como una señal de reacción, evocan los símbolos de la Cruz Gamada, del Águila, del Hacha. Son hombres muchas veces desconocidos, pero en otros casos deslumbrantes como trágicos meteoros —tal como Nietzsche— quebrantados bajo el peso de una verdad la cual, demasiado fuerte para ellos, espera ahora a otros que la sepan retomar e imponerla de modo tal que nuevamente, dura y fría, se yerga ante sus enemigos, en la gran rebelión, en la gran lucha: aquella de la cual dependerá si el Occidente se confirma en una ocaso o resurja en una nueva aurora.

Nosotros, imperialistas paganos

El círculo se cierra y aquello que un antiguo mito —iranio antes que judeo-cristiano— ofrece en el término apocalíptico de "juicio universal", se nos impone a nosotros: la separación de los "elegidos" respecto de aquellos que, en el "final del mundo", es decir, de nuestro mundo, de nuestra civilización, perecerán.

Nosotros invocamos un retorno decisivo, incondicionado, integral a la tradición nórdico-pagana. Nosotros le ponemos un punto final a todo compromiso, a toda debilidad, a toda indulgencia hacia aquello que, derivando su raíz judeo-cristiana, ha infectado nuestra sangre y nuestro intelecto.

Sin el retorno a una tal tradición no hay liberación, no hay restauración verdadera, no es posible la conversión en los valores verdaderos del espíritu, de la potencia, de la jerarquía y del imperio. Ésta es una verdad que no consiente duda alguna.

Antieuropa, antijudaísmo, anticristianismo: ésta es pues nuestra consigna. La mentira más tonta y absurda es la que asigna a la paganidad como sinónimo de materialismo y corrupción y nos hace pasar en vez como la síntesis más pura y exclusiva de todo lo que es espiritual aquello que una religión exótica y antiaria ha creado en nuestra decadencia, casi como si a ella le hubiese sido predestinada la totalidad de la historia de nuestra civilización. ¡Yen qué manera esta superstición se encuentra sólida y profundamente radicada en la mentalidad "culta" contemporánea!

No: el espíritu viviente e inmanente, el espíritu en acto como sabiduría y potencia extrahumana, gloria de Reyes y de Vencedores, nunca fue conocido por la contaminación judeo-cristiana; lo conoció en cambio nuestro paganismo, nuestra tradición en medio de la gran marea de pueblos que la llevó del Norte hacia el Sur, del Occidente hacia el Oriente: y quien hoy insurge en contra del mal europeo y en contra de la religión europea, éste no es un negador, sino un afirmador, el único que 'realmente sabe lo que sea una afirmación.

Nosotros pues damos testimonio de la tradición nórdico-pagana e invocamos la restauración de sus valores en un Imperialismo Pagano. La persona de quien habla y de quien se encuentre unido a otra cosa diferente de él en la misma realidad espiritual —aislados, impasibles e intransigentemente aristocráticos en este mundo de mercaderes, de enjaulados y de desviados— desaparece ante esta realidad misma, que por medio de ellos se dirige a aquellos de nuestra Europa que no se encuentran quebrados, que no se encuentran vencidos, a aquellos que aun oponen resistencia, a aquellos que tendrán el mañana.

¿Se logrará sentir que no se trata de palabras, ni de utopías, ni de abstracciones románticas, sino que es la más positiva y la más poderosa de las realidades, que espera ser desenterrada por medio de seres capaces de todo, por medio de una obra respecto de la cual todo lo que para la mayoría puede significar la palabra "reacción" se convierte en nada? ¿Qué mil fuerzas esperan ansiosas en la oscuridad anhelando tan sólo la llegada de aquel que se apreste a liberarlas?

Confundir nuestra tradición con una cualquiera de las nuevas seudo o especiales tradiciones o con cualquiera de las nuevas formas occidentales de fe, inevitablemente contaminadas por el espíritu judeocristiano, sería el más absurdo de los errores. Las fuerzas primordiales de nuestra raza nos ponen hoy, en esta fase decisiva para la historia del Occidente, por última vez ante el dilema: fidelidad o traición. Nuestra restauración es un nombre vacío si no esantes que nada, restauración "solar", restauración de espiritualidad pagana. Sería una tangible contradicción querer invocar la defensa de la tradición nórdica o romana y no acordarse de aquellas fuerzas que principalmente han contribuido a la decadencia de estas tradiciones; evocar el ideal del imperio y no darse cuenta de que la entera imagen judeo-cristiana del mundo, despojada de su máscara, significa la negación del presupuesto espiritual para el imperio.

Más allá de todo fin contingente, de todo interés empírico, de toda pasión y de todo vínculo personal o partidista, ¿quién entre los que está listos para una rebelión en el suelo germánico y romano, osará retomar la antorcha de la tradición nórdico-pagana? Nosotros lanzamos el llamado, debiéndolo lanzar. Nosotros no queremos ni esperar ni desesperar. Ni aquello que es podría padecer alteración alguna de parte de lo que no es. Los valores que nosotros sustentamos, son. Que las presentes circunstancias y hombres, por lo cual los mismos puedan dar también una forma y un contenido a un determinado período en la contingencia de las cosas temporales y transitorias, ello es algo que en verdad no debe interesarnos tanto a nosotros cuanto a aquellos cuya verdad se afinca en esta contingencia.

Capítulo II.

Las condiciones para el Imperio

Así como un cuerpo viviente no se mantiene de pié sino en cuanto haya un alma que lo domine, de la misma manera toda organización social que no tenga una raíz en una realidad espiritual es precaria y extrínseca, incapaz de mantenerse firme e idéntica en la coyuntura de las diferentes fuerzas, no es propiamente un organismo, sino un compuesto, un agregado.

La causa verdadera de la decadencia de la idea política en el Occidente contemporáneo reside en el hecho de que los valores espirituales, con los cuales en otro tiempo se compenetraba el ordenamiento social, han venido a menos, sin que a los mismos haya podido suplantárseles nada todavía. El problema ha sido rebajado al nivel de factores económicos, industriales, militares, administrativos o, cuanto más, sentimentales, sin darse cuenta de que todo esto no es sino mera materia, necesaria por más que se lo quiera, pero nunca suficiente, así como también poco capaz de producir un ordenamiento sólido y racional, apoyado sobre sí mismo, del mismo modo que el simple encuentro de fuerzas mecánicas sería incapaz de producir un ser viviente.

Inorganicidad y exterioridad son los caracteres dominantes de las "organizaciones" sociales contemporáneas. Que lo alto tenga que estar determinado por lo bajo, que la ley y el orden, en vez de justificarse en una aristocracia, en una diferencia de cualidad, en una jerarquía espiritual, tengan que fundarse sobre el contingente punto de equilibrio de los intereses y de las avideces de una multitud anónima, que se encuentra ya despojada de cualquier sensibilidad superior, tal es el error fundamental que se halla en la base de estas organizaciones. La raíz de esta degeneración se remonta a tiempos lejanos, justamente a aquellas épocas en las cuales se desarrollaron los primeros procesos de decadencia de la tradición nórdico-solar. Se encuentra vinculada a la separación de los dos poderes, a la escisión del principio regio respecto del sacral, al dualismo a través del cual, por un lado se delinea una virilidad material —el estado laico, el soberano, como valores puramente temporales y, querríamos casi decir, luciféricos— por el otro una espiritualidad lunar, antinórdica y antiaristocrática, una espiritualidad de tipo "sacerdotal" y "religioso", que sin embargo se arroga el derecho a la soberanía.

La formación de una casta sacerdotal, como casta distinta y dominante, ha conducido necesariamente a la secularización y a la materialización de la idea política: todo lo demás no es sino la consecuencia de esto. La primera revolución antitradicional fue aquella en la cual el sacerdote sustituyó al "Rey divino" y la "religión" tomó el lugar de las *élites,* que eran las portadoras de la espiritualidad solar, victoriosa y aristocrática.

Fenómenos de este tipo se pueden ya observar en el umbral de la prehistoria, en el mundo precristiano y no cristiano: pero éstos chocaron casi siempre contra reacciones que limitaron su influjo e impidieron la posibilidad de ulteriores derrumbes. Incluso en la India, en donde la casta de los *bráhmana* se convirtió muchas veces en la casta sacerdotal, duró, a pesar de todo, el eco de una espiritualidad propia de una casta superior, la de los *kshatriya,* y Buddha —del mismo modo que Zarathustra— fue un asceta de sangre real.

Tan sólo en Occidente, con el ascenso de la religión y del espíritu judeo-cristiano, la ruptura parece haberse convertido en decisiva y desde diferentes puntos de vista insanable. El cristianismo primitivo, con el trascendentismo de sus valores gravitantes todos en la espera de aquel "Reino", que "no es de este mundo", con la característica voluntad judaica de sumisión a Dios y de humillación de la criatura, infringió la síntesis "solar" de espiritualidad y de politicidad, de realeza y de divinidad tal como el mundo antiguo las conociera.

Tomada en sí misma, en su profundo desprecio por cualquier interés mundano, la doctrina galilea podía conducir tan sólo a convertir en imposible no meramente al Estado, sino a la misma sociedad. Pero, al venir a menos aquello que era el resorte animador de una tal doctrina —el advenimiento del "Reino" en el cual todos los valores serán transmutados y los humillados ensalzados— se manifestaron el espíritu y la intransigencia de la primitiva doctrina; surgieron nuevas fuerzas, a fin de dejar un espacio en el mundo para aquello que "no es de este mundo". Se arribó a una normalización. Se arribó a un compromiso. El elemento judaico pasó a conquistar el símbolo universal de la romanidad. Surgió la Iglesia Católica, una formación híbrida, en la cual la romanización, es decir la paganización de algunos aspectos de la doctrina de los orígenes, no impidió que la idea "lunar", sacerdotal y femenina de la espiritualidad asumiera una postura central: la atmósfera de aquellos que "creen" y "aman", que son tan sólo hijos y siervos de "Dios", y que transmitieron el derecho de soberanía a la propia comunidad fraterna (la Madre Iglesia), concebida, por decirlo así, de manera ginecocrática.

Fijemos sin incertidumbre este punto. Una cosa es el cristianismo y otra el catolicismo. El cristianismo en cuanto tal, es decir en su primitivo aspecto judaico y revolucionario, es el correspondiente místico de la Revolución Francesa de ayer, del comunismo y del socialismo de hoy. El cristianismo, en tanto Iglesia católica, en cambio, asume en parte algunas formas del orden pagano-romano: ello es algo sumamente contradictorio puesto que tales formas se prestan a un contenido, a un sistema de valores y de fe, que es la contradicción del espíritu "solar" del paganismo romano; las mismas se encuentran en oposición con tal espíritu.

En esta intrínseca contradicción se encuentra la causa del fracaso de la pretensión hegemónica de la Iglesia, de su impotencia en asumir en verdad la herencia de aquello que desde la revuelta asiático-semítica había sido destruido: la imperialidad y la universalidad romana.

La Iglesia católica, en efecto, no es tan pagana como para ser capaz de eliminar totalmente el dualismo: y es así cómo distingue, cómo separa el dominio espiritual del dominio político, la salvación de las "almas" de la salvación de los pueblos. En vano luego se esfuerza por volver a unir a las dos partes. Ella se encuentra pues ante un obstáculo sin salida.

Coherente es la actitud de los Güelfos, que no admiten la posibilidad de un estado laico autónomo ante la Iglesia, que quieren una completa subordinación del Águila a la Cruz. Sin embargo en tal perspectiva ¿qué es lo que le quedaría a la misma Iglesia para poder seguir definiéndose aun como cristiana, para poder reivindicar la descendencia respecto de aquel que enseñó la renuncia, la vanidad de los intereses por el mundo y la igualdad de los hombres, siervos por naturaleza de un Dios cuyo reino no es de esta tierra? ¿Cómo mantener el dominio y la jerarquía si no es pasando de hecho a los valores paganos de afirmación, de inmanencia y de diferencia? Así también aconteció en la Iglesia en su período áureo, en la Edad Media, en donde por un instante, galvanizada por el espíritu nórdico-germánico en aquello que podía presentar como romano, la misma dio la impresión de querer nuevamente abrazar en forma real a todos los pueblos del Occidente en una unidad ecuménica. Pero esto fue efímero como un Hada Morgana, algo sin una duradera realidad, en el fondo, tan sólo una presentación del problema en la forma de una solución, una solución de la contradicción *de facto,* pero no *de jure.*

Pero entonces permanece como algo insoluble el disenso, en la medida en que de su parte un imperio, que sea verdaderamente un imperio, no puede tolerar por encima de sí a una iglesia como una organización distinta. Un imperio cuyo dominio sea puramente material puede por cierto dejar coexistir a una iglesia, y más aún, remitir a ella en lo que concierne al interés por las cosas espirituales, de las cuales en verdad se desinteresa. Pero en realidad tal imperio, tal como lo hemos manifestado más arriba, no es para nosotros sino una apariencia de imperio. Un imperio solamente es tal cuando se encuentra imbuido por una inmanente espiritualidad; pero en tal caso es evidente que el imperio no puede reconocer cualquier organización que se arrogue la prerrogativa de las cosas del espíritu. El mismo le quitará autoridad y suplantará a toda iglesia, poniéndose sin más a sí mismo como verdadera y única iglesia: en una manera u otra, concierte o inconscientemente, se volverá a la concepción pagana y aria, a la síntesis solar de la realeza y del sacerdocio, al *"Sacrum Imperium"*.

Si observamos más atentamente, en la idea imperial que se afirmara en la Edad Media en contra de la Iglesia, sobre todo gracias a los Hohenstaufen, se puede divisar justamente esto último: no había allí ninguna potencia temporal rebelada en contra del poder espiritual, sino más bien una lucha entre dos autoridades de la misma naturaleza espiritual, de la cual cada una defiende un origen y un destino sobrenaturales y un derecho universal y suprapolítico. Por un lado, en el Imperio retorna, aun con atenuaciones y compromisos, la idea pagana del Rey divino, del dominador sagrado, *lex animata in terris,* centro viviente para las relaciones de una *fides* transformadora, guerrera, personificación del polo viril y heroico del espíritu. Por otro lado, en la Iglesia subsiste el principio de la castración espiritual, la verdad "sacerdotal", el polo lunar del espíritu, el cual con cualquier medio, sin escrúpulo alguno, busca apoyar y bendecir a los esclavos y mercaderes en revuelta en contra del Imperio (las Comunas), tratando así de impedir su restauración para poder conservar a cualquier precio su supremacía.

En la lucha entre estas dos grandes ideas tenemos, tal como se ha dicho, el último fulgor espiritual del Occidente. Luego le siguió una fase de relajamiento y de progresiva secesión. Si al final el estado moderno se convertiría en autónomo respecto de la Iglesia, ello aconteció tan sólo porque el mismo decayó en relación al principio universal del *Imperium* hasta arribar al principio pluralista y plebeyo de la "nación"; puesto que olvidó qué cosa significa en sentido tradicional la realeza; puesto que ignoró que el problema político es inseparable del problema religioso y se desinteresó de cualquier asunto que trascendiera los intereses materiales y las pretensiones de la respectiva raza y de la respectiva nación. Abandonando el campo a todas las usurpaciones del humanismo y de la denominada "libertad de pensamiento", el mismo se redujo a una mera potencia temporal. Arribamos así a los actuales horizontes dentro de los cuales vemos, por un lado a un estado esencialmente laico y antiaristocrático, que se agota en problemas económicos, militares y administrativos, declinando respecto de cualquier competencia en materia de cuestiones espirituales, por el otro a una religión lunar quebrada por el cisma, que se desinteresa de la política, que se reduce, en la Iglesia católica, a una especie de gran asociación internacional de creyentes, capaz tan sólo de un larvado paternalismo en base a ostentosos e inútiles cuidados por la salvación de los pueblos —los cuales van cada uno por el propio camino y no siguen más ningún impulso religioso— o por la salvación de las "almas", las cuales han perdido todo sentido interior, viviente, concreto y viril de la realidad espiritual.

Este estado de cosas no puede durar más por mucho tiempo, o por lo menos: todo aquel que quiera hablar seriamente de una reacción, aquel que no quiera recaer en algo para lo cual valga el irónico dicho: *"Plus ça change, plus c'est la même chose"*, no debe por más tiempo prestar consentimiento a esta renuncia, a esta laceración.

Una vía de salida de la crisis del mundo occidental no puede ser de otra forma que a través de una restauración de la síntesis absoluta de los dos poderes, político y sagrado, regio y espiritual: sobre la base de una concepción del mundo ario-pagana y de la constitución de formas superiores de interés, de vida y de individualidad, como principio de una nueva universalidad.

No se nos reproche de anacrónicos. Aun en otras formas puede ser evocado este mismo espíritu. Que sea superada la decadencia laica de la idea política, que el Estado vuelva a obtener un significado sobrenatural y que represente el ápice de la victoria sobre el *caos:* éste es pues el punto central.

Nos sentimos hasta la médula hartos de una "religiosidad" abstracta y de un "realismo" político. Esta antítesis paralizante debe ser quebrada en nombre de nuestro saneamiento y de nuestra tradición.

La desviación protestante y nuestra contrarreforma.

Hemos ya hecho mención de la circunstancia de que la doctrina mesiánico-galilea, de acuerdo a su naturaleza originaria, no apuntaba para nada a constituir una nueva forma de vida social o también de religión. La misma tenía un carácter abiertamente anárquico, antisocial, derrotista, subversivo respecto de cualquier orden racional de las cosas. Lo invadía una sola preocupación de manera obsesiva: la salvación del alma del individuo ante el advenimiento, declarado como algo inminente, del "Reino de Dios".

Pero cuando la perspectiva de este "Reino" se retrasó y finalmente desapareció, las fuerzas que se habían proyectado hacia tal esperanza recayeron sobre sí mismas; y de su aspecto individualista dicha religión pasó a su aspecto social. La *"ecclesia",* la comunidad de los fieles comprendida como un *medium* impersonal y místico hecho de recíproca necesidad — necesidad de amar, necesidad de servir, necesidad de comunicarse, necesidad de recíproca confirmación y de recíproca dependencia de vidas, cada una insuficiente en sí misma—

sustituyó en la almas a la ya venida a menos realidad del "Reino de Dios".

Es necesario distinguir de manera neta a la *"ecclesia"* de la cual hablamos ahora de aquella que luego se convertiría en la organización de la Iglesia católica. Esta organización surgió a partir de una sucesiva romanización de la *"ecclesia"* en el sentido primitivo, de la cual en una cierta medida traicionó su espíritu y cuya parte judaica sofocó a favor de un principio de autoridad jerárquica y de un *corpus* simbólico ritual.

Importa en vez comprender en su realidad originaria a la *ecclesia* de las primeras comunidades cristianas que se establecieron al cesar la influencia directa de Jesús y al atenuarse el sentido de la inminencia del "Reino". Entonces nosotros hallamos el germen de aquella fuerza que habría conducido al tipo de la sociedad moderna euro-norteamericana.

En el Imperio el principio era: jerarquía, investidura desde lo alto. En la *ecclesia* cristiana el mismo fue en cambio: igualdad, fraternidad. En el Imperio existían relaciones de dependencia personalizadas: existían señores y existían siervos. En las formas más completas hubo también un régimen de castas. En la *ecclesia* tales relaciones se despersonalizaron: fue un lazo de seres iguales, sin jefes, sin distinción de clase o de tradición, mantenidos unidos tan sólo por la recíproca dependencia y por la idéntica necesidad del alma. Nació, en otras palabras, la socialidad, la forma de un puro vivir asociados, de un estar juntos en algo colectivo, en una solidaridad igualitaria. Y tal como hemos dicho: el espíritu se confirmó en tanto aniquilador del mismo espíritu.

Y ahora descendamos hacia abajo, hasta a la Reforma. La Reforma es la gran caída de la humanidad nórdica: es la degeneración, el hundimiento en lo negativo y en lo judaico de aquella forma que había animado la lucha del Imperio en contra del yugo romano. En el ideal de los Hohenstaufen hallamos en efecto aquellos principios de libertad, de independencia y de individualidad, que son propios del *ethos* originario de las estirpes germánicas. Y tales valores, hechos en modo tal de conciliarse con el ideal jerárquico, combatieron en el Medioevo una batalla espiritual; levantaron en el fondo la pretensión de una jerarquía más alta, más solar, más viril y más perfecta que aquella que la Iglesia nunca podía ofrecer en su compromiso. En la Reforma tenemos precisamente lo opuesto: se tiene aquí una afirmación de las mismas fuerzas nórdicas, que sin embargo no se liberaron del vínculo de Roma sino para sepultar al mismo tiempo aquellos residuos de autoridad jerárquica, de romanidad y de universalidad que la Iglesia aun ofrecía; a través de la misma aconteció una reanimación de aquellas mismas fuerzas que habían formado las primeras comunidades cristianas y la vida de la *ecclesia.* En la Reforma tenemos el retomo del cristianismo primitivo, propiamente en su aspecto inferior, "socialista", en contra del romano, aspecto propio de la Iglesia. La intransigencia protestante puso fin al compromiso católico, pero no a favor de la dirección hacia el Imperio, sino a favor de la dirección hacia el antiimperio.

A pesar de todo, los pueblos germánicos conservaban en la herencia de su sangre todavía demasiados factores nórdicos como para que esta subversión pudiese convertirse en fatal para ellos. A pesar de todo, a pesar del cisma, los pueblos germánicos fueron hasta hace poco, hasta el estallido de la primera guerra mundial, aquellos en los cuales —más que en cualquier otro— ha podido conservarse un régimen imperial y casi feudal, así como una viva sensibilidad por los valores viriles y nórdicos del honor, de la fidelidad y de la jerarquía.

Las cosas en cambio se encuentran de manera totalmente diferente entre los pueblos anglosajones, sobre todo luego de que a la rebelión religiosa se le sustituyera la política; luego de que el Humanismo y el Iluminismo dieran sus frutos; luego de que a la caída del principio de autoridad en el dominio espiritual le siguiera la del principio de autoridad en el dominio social, y más tarde también en el moral, y la sustancia de fermentación y de descomposición de la revolución jacobina invadiera el mundo entero.

En un tal contexto vemos de hecho cómo la Reforma —originariamente una revolución religiosa— determinará una profunda subversión de la misma idea política. Desvinculando a las conciencias de su relación con la autoridad romana, socializó e inmanentizó a la Iglesia; llevó al acto, en una realidad política ahora profundamente secularizada, la forma de la *ecclesia* primitiva.

En lugar de la jerarquía de lo alto, a través de la Reforma se le sustituyó la libre asociación de los creyentes, emancipados éstos del vínculo de la autoridad, convertidos anárquicamente cada uno de ellos en árbitro de sí mismo así como igual a cualquier otro. Fue, en otras palabras, el principio de la decadencia "socialista" europea: frente al ideal imperial, la religión protestante ha abierto el camino a una organización apoyada ya no sobre jefes, sino sobre la suma de los individuos particulares, en una organización proveniente de lo bajo y que se agota en un lazo impersonal, en una realidad puramente colectiva que se gobierna por sí misma y que también se justifica a sí misma.

Esta dirección ha absorbido rápidamente a los pueblos anglosajones, y hoy tiende también ella a una "catolicidad" o universalidad, antitética sea de la romana y medieval imperial, como de aquella que, en sentido estricto, fue propia de la misma Iglesia: así como en lo interior de las diferentes naciones la misma, mancomunándolos, borra las diferencias entre los individuos en el puro vínculo social, del mismo modo ésta tiende a borrar también las diferencias y los privilegios de las diferentes naciones poniéndolas a todas en un mismo rango en el anónimo universalismo del ideal de una "Sociedad de las Naciones". Al mismo tiempo, la religiosidad se humaniza siempre más, tiende siempre más a identificarse con la socialidad. Las últimas orientaciones hacia una "religión del servicio social", asistencialista, hacia una "religión del trabajo", y la creciente preponderancia del interés y de la intransigencia moralista sobre cualquier otro interés ideal y metafísico en los países protestantes es una prueba de todo ello.

En conclusión: la Reforma favorece una postura coherente, separa del núcleo cristiano-pagano, presentado por los países católicos, el aspecto cristiano (en su forma moderada de ideal de una mera vida social) y realiza un tipo diferente de estado: el estado democrático, el antiimperio, el autogobierno de la masa soberana a sí misma con una simultánea nivelación de los sujetos en un solidarismo anárquico, acéfalo, con apariencias de gobernantes siervos de los siervos, en cuanto meros "representantes", dependientes y responsables con respecto a las masas, en vez de ser responsables con respecto a sí mismos y de permanecer ellos, en tanto jefes superiores, como el verdadero principio de la autoridad absoluta.

Naturalmente que no todo se agota así. Por vías subterráneas la reconstitución secularizada de la ecclesia evoca nuevamente el elemento judaico, y los países protestantes son aquellos en los cuales el capitalismo y la plutocracia se han desarrollado en la forma más significativa; en los cuales, detrás de los bastidores de la "libertad" democrática, reaparece el omnipotente hebreo, señor de las fuerzas y de los hombres de un mundo profanado por la finanza sin patria. Mientras que simultáneamente se anuncia la última caída, el nacimiento de lo puramente colectivo, en correspondencia con el mito proletario de la "Tercera Internacional" y de la misión profética de los Soviets.

Estamos así enfrentados a un decisivo *aut-aut*.

Es en vano combatir efectos sin conocer las causas remotas y secretas de las cuales derivan. Es en vano pensar en una reacción política de alguna eficacia si no se la radica en una correspondiente revolución espiritual. La Iglesia es algo parcial. La Iglesia es para nosotros demasiado poco. Nosotros tenemos necesidad de mucho más. Tenemos necesidad de una verdadera contrarreforma. Y esta contrarreforma consiste en el retorno al originario *echos* ariano, a las fuerzas puras de la tradición nórdico-romana, al símbolo imperial del Águila.

Ésta es la primera restauración. Será cuestión de tiempo, pero nuestras naciones deben decidirse: o ellas se convertirán de hecho en víctimas de las fuerzas convergentes del protestantismo y del judaísmo, con la organización definitiva de tipo republicano y democrático de la sociedad anglo-sajona, eligiendo una religión inmanente a la socialidad, en donde lo espiritual se convierte tan sólo en un medio para realizaciones temporales, hasta el servicio de un mística arimánica del "hombre colectivo" y sin rostro, o bien deben reaccionar y comprometerse en un saneamiento y una restauración, es decir en una revolución en el otro sentido, llevando así a cumplimiento el ideal del otro Estado.

Así como la revolución protestante superó el compromiso católico y condujo al Occidente hacia las formas y los valores de la sociedad democrática, nosotros, en contra de la Reforma, debemos superar el mismo compromiso, pero para afirmar la otra alternativa posible: aquella que se había anunciado en la lucha del Imperio por el Reino sacro romano. Sobre la base de una integral restauración nórdico-romana nosotros debemos crear un estado, que sea nuevo y antiguo al mismo tiempo, regido por los valores de la jerarquía, de organización desde lo alto, de aristocracia, de dominio y de sabiduría, es decir, por aquellos valores imperiales que la Iglesia en su período mejor en parte tomó en préstaino, y que luego del jaque a la misma Iglesia —en el transcurso de un experimento bimilenario-deben ser afirmados en forma cruda, neta y despojada de cualquier máscara o de cualquier atenuación por parte de hombres que no se avergüencen de su nobleza primordial, que en su fidelidad a las fuerzas originarias del *árya* noble, a su espiritualidad uránicosolar, a sus símbolos heroicos, en contra de toda Europa, en decadencia, socializada y judeo-cristianizada, se atrevan por fin, como nosotros, declararse imperialistas paganos.

Voluntad de jerarquía

Más adelante, al hablar de las raíces del mal europeo, tendremos oportunidad de recordar los principios a través de los cuales puede concretamente realizarse la necesaria contrarreforma.

Aquí queremos detenernos brevemente en un punto particular, sobre el sentido del principio de jerarquía, presupuesto para la nueva idea de Estado. Aquí no cuentan las proclamas y los programas de los partidos, sino que cuentan las cosas actuadas y no habladas; cuenta sólo el impulso decisivo, tan fuerte como para embestir contra las costumbres que se han consolidado en los hombres contemporáneos y por las cuales se encuentran siempre dominados, por más que con la mente y la boca afirmen lo contrario.

Hoy se habla mucho de jerarquía, pero al mismo tiempo se continúa haciendo concesiones a una mentalidad burguesa y antiaristocrática, que se encuentra en precisa contradicción con este concepto. Naturalmente, en primer término nos deberíamos desembarazar de todo residuo del sistema democrático y "representativo", y de todo aquello que en cualquier manera revele el espíritu "socialista" y colectivista. Toda relación debería atemperarse, revitalizarse y virilizarse a través de una actitud guerrera, de una fidelidad, de una rectitud y de un celo viril de servicio, Estafides, que ya fue una de las más antiguas divinidades de la Roma pagana y de la cual Tito Livio dijo que en el hecho de su posesión se encontraba la diferencia entre los Romanos y los bárbaros; aquella *fides* que se reencuentra en la *bhakti* hindú y en la entrega con la cual los guerreros iranios consagraban a sus jefes divinizados no sólo sus acciones, sino su mismo pensamiento y su misma voluntad, tal *fides* se encuentra también cual cimiento espiritual en las diferentes unidades políticas feudales, y en el lazo de éstas con el *unum ad quod nos est pars,* con el centro suprapolítico y sacro del Imperio medieval.

Tenemos necesidad aun hoy y sobre todo hoy de una tal *fieles.*

En los subordinados debe ser vuelto a despertar el orgullo de servir a los superiores. El servicio debe ser despertado como libertad y como superación, casi como una oferta transfigurante, que no humilla, sino que eleva, en todas partes, en las cosas de la guerra como en las de la paz, en lo particular como en lo general.

Sobre esta base espiritual debe delinearse una estructura que corra perpendicularmente de lo alto hacia lo bajo, en la cual los jefes sean también rayos de un único centro y a su vez centro de unidad de órdenes inferiores, agrupadas como soldados alrededor de sus oficiales.

Un tal sistema implica naturalmente la necesidad de crear sobre todo *elites, elites* de hecho y no tan sólo de palabra, en las cuales la autoridad no se encuentre fundada en el cargo, sino en vez el cargo en la autoridad, y que ésta a su vez esté basada en una efectiva superioridad. Toda jerarquía que parta de presupuestos diferentes no es sino una apariencia de jerarquía; es más, representa lo contrario de una jerarquía: una creación violenta y artificial que esconde en sí un principio de injusticia y por lo tanto de anarquía.

Por otra parte, debe mantenerse firme la idea de que la jerarquía no debe de ninguna manera agotarse en el plano de aquello que hoy es definido como "política". Debería más bien la política —cual parte del Estado, es decir, aquella de carácter económico-industrial y administrativo que establece un equilibrio en el sentido material— subordinarse a los valores de carácter superior para servir como medio para el fin. La idea de una diferenciación cualitativa reclama de la elaboración de una cantidad de grados suprapolíticos que correspondan efectivamente a las diferentes formas de vida y de intereses, y justamente por esto sean aptos para conferir a los jefes aquella verdadera e indiscutible autoridad, que no podría manifestarse con nada que sea condicionado Por lo temporal y lo contingente.

Por supuesto que este ideal implica no sólo la afirmación del concepto del derecho de la nobleza, sino también de la monarquía. Que se trate de estados republicanos, de estados nominalmente aun monárquicos, o de estados erigidos por dictadores (que desde el punto de vista tradicional no son otra cosa que tribunos del pueblo), en relación a ello en Europa existe tan sólo un espacio vacío. Allí donde aún subsista la monarquía, la misma se ha convertido en apenas una supervivencia, en un símbolo mudo, en una función que ha perdido su verdadero sentido y que se encuentra ajena a toda realidad. Es por supuesto mejor que nada, pero a aquellos que no sólo de nombre sino también por espíritu son desangre real, habría que reclamarles el coraje de no tolerar por más tiempo compromisos y acomodamientos inciertos; habría que exigirles que desdeñen las dignidades regias cuando a las mismas no les corresponda más nada, o bien que vuelvan decididamente como centro y como jefe del estado para barrer con todas las usurpaciones "legales" de los tiempos últimos y convertirse nuevamente, en un sentido absoluto y trascendente, en Jefes del Pueblo.

Allí donde la monarquía, al hallarse en manos que no se encontraban más en grado de regir una espada y un cetro, ha sido abatida por las intrigas de la plebe y de los mercaderes, la misma debe ser restablecida. Allí donde por fuerza de inercia subsista aun, la misma debe ser renovada, reforzada, convertida en dinámica como una función orgánica, central y absoluta, que encarna simultáneamente el poder de la fuerza y la luz del espíritu en un ser único; que sea verdaderamente el acto de toda una estirpe y al mismo tiempo el punto que trasciende a todo aquello que se encuentra condicionado por la tierra y por la sangre. Tan sólo entonces se tendrá el derecho de hablar de imperio. Tan sólo si será restaurada en una realidad gloriosa, sagrada, metafísica, que sin embargo representa la culminación de la jerarquía política militarmente ordenada, entonces la monarquía retomará el lugar y la función que tuviera en un tiempo, antes de la usurpación por parte de la casta de los sacerdotes.

Por supuesto que antes de arribar a través de este rumbo al verdadero ideal tradicional el camino es largo. Por lo demás nos hemos expresado con bastante claridad a fin de que no se piense que esta identificación de los dos poderes se reduzca a una prosopopeya retórica o a una supersticiosa divinización de un ser por el simple hecho de (Me el mismo se encuentre ocupando el grado más alto de una organización puramente material, tal como ha acontecido en períodos decadentes, en varios casos de teocracia. Nosotros insistimos en vez en afirmar una síntesis real en donde la espiritualidad no es un nombre, sino la realidad positiva de una autotransformación que, una vez operada, se pone entre algunos seres y la masa de los otros hombres por lo menos tanta distancia, cuanto esta masa supone entre sí misma y los animales. No queremos usar el término "superhombre", al estar este término tan depreciado y retorizado hoy en día, y por otro lado no podemos esperar ser comprendidos sino por poquísimos, incomprendidos por la mayoría, cuando nos refiriésemos al sentido del rito de la iniciación, que en muchos estados antiguos —cuando no estaban presentes dinastías "de sangre divina"— confirmaba la investidura del poder político. En cada caso mantenemos firme la idea de que esta distancia de los Jefes no es reductible a nada que sea "moral", ni "ideal", ni "religioso", ni a cualquier otro valor o no-valor humano, sino que consiste, por decirlo así, en una diferente cualidad de ser, obtenida con una transformación sustancial de la conciencia.

Y nosotros afirmamos pues que esta superioridad efectiva y concreta dará sentido al término "espiritualidad" y será puesta como el centro, del cual procederá la dignidad, el atributo y la función efectiva de la realeza; la cual a su vez se testimoniará en el *Imperium,* según la tradición ario-pagana, para la cual los Reyes eran Reyes en virtud de un "fuego" atraído desde el cielo —*hvarenó*— que los investía, los convertía en "inmortales" y los testimoniaba a través de la victoria.

Así pues estaría presente el centro de una estabilidad trascendente, la "soberanía", el principio de toda otra jerarquía, el eje de toda fidelidad, de todo honor en el servicio y de toda acción heroica, la más soberbia fuerza de equilibrio desde lo alto.

Capítulo III.

El error democrático

El verdadero liberalismo

El principio y sano fundamento del nuevo Estado debe ser la idea orgánica. En el capítulo anterior hemos hecho mención de cómo el concepto concreto de organismo sea lo opuesto de el de compuesto, que es la forma de un conjunto de elementos atomísticamente libres, mantenidos juntos tan sólo por un lazo impersonal, abstracto, que no se vincula con ningún principio superior, ni se basa en una diferencia efectiva y sustancial de los mismos elementos. La oposición que aparece entre el ideal imperial y el ideal liberal-democrático es totalmente semejante a la que se establece entre organización y composición.

Nuestro imperialismo quiere una universalidad y una unidad: pero no la abstracta, propia de una ley impersonal producto de una irreal "voluntad colectiva" y de un colapso internacionalista y pacifista, sino aquella que se identifica en la realidad de un individuo superior y en el cual el sentido de lo trascendente vale como principio de diferenciación y de articulación.

Nuestro imperialismo trasciende con firmeza al nacionalismo: pero mientras que el supernacionalismo democrático es el de un menoscabo y de una subordinación de la reafirmación nacional, promiscuamente asociada a muchas otras reafirmaciones nacionales, la supranacionalidad imperial y romana es la de una reafirmación nacional que, en medio de un grupo de dominadores, se sostiene más allá de sí en una síntesis superior sea a ella misma como a las otras naciones que ella subordina a sí.

Por más que pueda parecer extraño, en la base de nuestro imperialismo se encuentran valores que aparecen también como presupuestos para las formas liberales de la democracia. Los valores de libertad y de independencia se encuentran en efecto en el centro de las mejores tradiciones arias. Noble, según la originaria tradición germánica, y más tarde en el ordenamiento de las mismas civilizaciones medievales, equivalía a libre. La primera constitución romana se basa en la idea de los *panes,* sacerdotes, jefes y jueces supremos de sus pueblos, que son libres como tantos mundos en un mundo. Federico II dirá: "Yo soy rey en tanto que soy libre". Pero se trata aquí de una identidad tan sólo en la palabra, con una radical contraposición en el espíritu.

La diferencia se encuentra en el hecho de que en el liberalismo estos valores son afirmados por una raza de esclavos, que no se atreve a pensarlos y a quererlos hasta el fondo, por y en los individuos, sino que en vez los desplaza ilegítimamente y de manera igualitaria hacia la "sociedad" y hacia la "humanidad", con lo cual los mismos pierden su significado primitivo y se transforman en errores.

De acuerdo al mismo —según el primero de sus "inmortales principios"— esta raza habría instaurado la época de la libertad. En realidad, no es nada de todo ello. El mismo ignora lo que sea verdaderamente la libertad. Si lo supiera, sabría también que querer la libertad es una misma cosa que querer el imperio.

Observemos más precisamente: la libertad no tolera compromisos: o se la afirma, o no se la afirma. Pero si se la afirma, es necesario afirmarla hasta el fondo, sin miedo: hay que afirmarla cual libertad incondicionada.

Esto lo comprendió perfectamente aquel que afirmó que libre propiamente puede decirse uno solo. Muchos Seres libres no pueden sino limitarse y negarse recíprocamente, a menos de suponer que exista en lo más profundo de cada uno de ellos una ley que regule sus acciones según una especie de armonía preestablecida.

Ahora bien, como una ley por el mero hecho de ser interna no cesa de ser ley, y puesto que dicha ley es además por hipótesis algo que trascenderá el poder consiente de cada individuo, también en este caso no se tiene sino una apariencia de lo que es la libertad verdadera.

Se plantea pues esta alternativa: o se disminuye la exigencia, alterando el valor, es decir, negando la libertad para hacer permanecer a las muchas libertades, las libertades singulares, atómicas, domesticadas y mecanizadas en una recíproca limitación (democratismo liberal); o bien mantenerla en manera firme con intransigencia y crear el ideal de un ser que —cesando en razón de una interior superioridad de representar una fuerza entre tantas otras en aquel sistema dinámico que es la realidad social— se haga acto en aquello que, en tanto determinador de la ley de aquella realidad misma, se encuentre él mismo libre respecto de la ley; la cual, entonces, sólo para los otros será ley y autoridad. Lo cual quiere decir que tanta realidad tiene la libertad cuanto la tiene el imperio.

Imperio que debe ser concebido según la indicada analogía de un cuerpo que se haya convertido en uno en la síntesis dominante de un alma. La unidad en la cual converge un tal cuerpo —a diferencia de uno que no tenga alma— es un principio superior, que tiene el principio y el fin en sí mismo; que no vive para las necesidades del cuerpo, sino que en vez tiene al cuerpo como un instrumento; que no es producida por el cuerpo, sino a la inversa, en el sentido de que el alma es el fin último, representa el profundo principio organizador del cuerpo mismo el que, sin ésta, se disgregaría (Aristóteles).

Análogamente nosotros diremos que el Jefe, en tanto portador del valor de libertad, no será el mejor representante de las masas (tesis democrática), el símbolo impersonal de una mítica autoorganización, de la cual éstas ya sean capaces, sino a la inversa: son las masas las que recibirían un orden y una forma tan sólo gracias a esta fuerza superior, cualitativamente diferente de las otras, la cual éstas fatigosamente logran expresar. Y esta fuerza, lejos de vivir para éstas, subordinaría, a aquellos más vastos horizontes que ella sólo puede determinar, el interés de las masas; sin reconocer a nadie el derecho de dar una sanción a su ley, que no es ley porque es justa, sino que es justa porque es ley y ley suya (en decidida oposición a los principios democráticos de sanción popular y de entrega del gobernante a abstractos "principios" o a aquello que se supone que sea el interés general). De otro modo el vértice no sería un hombre libre, sino el primero de los servidores, no un espíritu, sino la voz del cuerpo.

Lamentablemente hoy ya no se sabe lo que sea la libertad, no existe el valor de pensarla hasta el fondo. Lamentablemente hoy no existe casi más nadie que sepa mandar, ni que sepa obedecer. El riesgo de la absoluta responsabilidad y de la absoluta entrega han desaparecido totalmente ante la mediocridad de la colectividad mecanizada.

Y paradojalmente hoy se pretende que vivamos en una época de libertad y de liberalismo, haciéndose alarde por la eliminación de la esclavitud, sin entender que en vez la libertad puede existir sólo cuando existen Señores ante esclavos, cuando existen conductores soberbios y masas que audazmente y generosamente refieren a ellos sus vidas y sus destinos; sin entender que la abolición de la esclavitud no puede haberla querido sino una raza de esclavos, que permanecieron sin embargo tales aun cuando las cadenas fueron rotas y las jerarquías abatidas, en la medida en que su necesidad de servir y de depender creó nuevos y más terribles tiranos: por un lado el Dios-árbitro judeocristiano de la predestinación y de la gracia, por el otro el oro y la "opinión pública"; el fetiche de la ley social impersonal y del moralismo de las naciones protestantes; el hombre omnipotente de las masas del bolchevismo.

La jerarquía según la potencia.
La conquista del Estado.

Es un concepto fundamental de la concepción pagana y "solar" del mundo el que afirma que el espíritu es potencia y que la potencia es a su vez espíritu, de acuerdo a una síntesis indisoluble.

Volviendo a nuestras primeras consideraciones, afirmaremos pues sin hesitar que la medida de la libertad es la potencia.

Así como el alma —en la cual, de acuerdo .a la analogía ya dada, tienen su fin las varias partes y funciones, pero ella en cambio tiene un fin en sí misma—considera como una imperfección las condiciones y las limitaciones que le vienen del cuerpo, y no debe tolerarlas, sino tender a superarlas en un dominio perfecto, en un organismo que se encuentre en situación de plena plasticidad respecto del espíritu; de la misma manera el Dominador se comportará en relación a la diferentes condiciones propias de las masas, o la raza superior con respecto a las otras razas, a las que debe organizar en una unidad ecuménica.

La libertad del Dominador, su derecho, su ser valor —como fin en sí mismo— se extenderán pues por lo tanto en la medida en que él tenga el poder de ejecutar aquello que él quiera; la "responsabilidad" —bajo todo aspecto— sólo tiene sentido cuando la acción fracasa, o bien cuando se encuentre presente ante sí una potencia más alta. Al venir a menos ante un tal poder, él perderá a su vez el derecho, el cual pasará a manos del que sepa reafirmar la propia ley por encima o en contra de cualquier otra. Por lo tanto la jerarquía no será un hecho, sino más bien una tarea: la misma no surgirá por su conformidad respecto de la abstracción de una ley trascendente de bien y de mal, de justicia y de injusticia, de humanidad, nacionalidad, o tradición en el sentido más estricto y empírico, sino, en vez, será un preciso, ponerse-en-relación, equilibrarse, subordinar o subordinarse de fuerzas determinadas, para expresar a quien es más o menos digno de un cierto grado de jerarquía. Sostenemos con firmeza pues que, sin la potencia, el *Imperium* —y con ello el ápice del ser-libre-no tiene fundamento; y, por más que subsistiese, lo haría en manera contingente y precaria, basado no sobre su propia fuerza, sino sobre la debilidad y vileza ajena.

Pero a tales afirmaciones es necesario acompañarlas enseguida con una explicación respecto de aquello que nosotros comprendemos precisamente como potencia, sin lo cual nacerían por cierto equívocos, los cuales, en este contexto, no tendrían razón alguna de ser.

Por lo tanto queremos en primer término subrayar que potencia para nosotros no significa para nada fuerza puramente material, y que el dominio y el *Imperium* no se identifican en absoluto con la violencia y la opresión que puede ejercerse a través de ésta. Poner en claro esto es tanto más necesario en tanto que muchos operan a propósito esta confusión para poder recabar la más altisonante retórica *ad hominem* en contra de la "bestia humana", el *"homo hominis lupus est",* los "inhumanos dominadores", los "tiranos" y así sucesivamente. La violencia es algo demasiado poco. La potencia no es la violencia en cuanto ésta expresa tan sólo un "estar-en-contra" (y por lo tanto en el mismo plano) y no en cambio un "estar-encima". Presuponiendo y tomando sentido y justificación de una resistencia, es decir presuponiendo que otra voluntad pueda resistir, ella acusa una relación extrínseca, polémica, contingente, no verdaderamente jerárquica y dominativa. Un cuerpo libre no se mueve por violencia, ni se hace vibrar la ágil palabra: aquel que verdaderamente puede no conoce la violencia. No tiene necesidad de ella, en la medida en que no tiene antítesis y se impone directamente, invisible e irresistiblemente en virtud de su interior e individual superioridad con respecto a aquel a quien él manda.

Todo esto es afirmado desde un punto de vista absoluto. Con lo cual no pretendemos negar alguna utilidad a la violencia, sino tan sólo decir que la misma no es aun verdaderamente potencia; necesaria allí donde se tengan enfrente rigideces privadas de vida que no se pueden superar si no es destruyéndolas; si bien necesaria aun en el acto de una primera y directa huella organizativa en el *caos* de las varias fuerzas materiales subversivas, la misma sin embargo sigue permaneciendo como una fase rudimentaria y provisoria.

Y que esto sea así nos podemos convencer también reflexionando acerca de que si nos hallamos sostenidos por fuerzas desencadenadas y suficientemente vivas, se puede obtener mucho, pero sin embargo es necesario que las mismas se sepan desencadenar primero y luego dirigir, lo cual no se puede obtener nuevamente con una fuerza puramente material, sino con una fuerza de persuasión o de sugestión.

He aquí pues que somos conducidos a un plano más sutil, en donde la acción y el dominio se ejercitan a través de ideas. Ideas que deben ser comprendidas no como nociones abstractas, sino en cambio como ideas-fuerza, como mitos (en el sentido soreliano), es decir como principios dirigidos a despertar energías, movimientos y corrientes sociales a través de las diferentes sugestiones morales, emocionales, de creencia, de tradición, etc., las cuales son capaces de influir sobre las masas. Pero aquí deben sostenerse con firmeza dos puntos-básicos. En primer lugar, el Dominador debe permanecer como un señor de las diferentes ideas o mitos, no debe, creyendo en ellas, padecer él mismo la sugestión convirtiéndose en un poseído, en un esclavo de los espíritus que ha evocado; no debe reconocerle a las mismas un determinado valor absoluto, sino que debe en vez asumirlas fríamente como medios, como instrumentos de fascinación con los cuales —en el contexto de una precisa ciencia de la psicología de las masas—ejercerá aquellas influencias que desea, despertando y dirigiendo las fuerzas ciegas de la colectividad social. El segundo punto se vincula con el primero y consiste en comprender el aspecto absolutamente positivo de esta actitud nuestra, la que va más allá sea de la ideología de la pura fuerza, sea del idealismo de los "valores", de los "inmortales principios", etc. Que la fuerza puramente material no baste en sí misma, que ésta siempre será un instrumento de ideas, ello es tan sólo un hecho a constatar. Desde un punto de vista positivo, a la idea no se le puede ni se le debe dar otro valor fuera que aquel que resulta para ella justamente a partir de este hecho constatado, es decir, valor de principio sugestivo, medido por sus consecuencias prácticas. La idea, en otras palabras, tiene valor en cuanto actúa y en la medida en que actúa: no porque es "buena", "verdadera", "justa", etc.; todo ello no es sino niebla con respecto a su realidad de idea-fuerza. Controlar los "potenciales sugestivos" con los cuales se encuentran cargadas las diferentes ideas, examinarlos, dosificarlos, combinarlos, usarlos, descargarlos o suspenderlos, ésta es un arte superior, invisible y terrible de dominio, la que, una vez hecha consciente, puede comunicar, tal como se dirá, con la "magia" en el sentido más alto.

Por lo tanto podemos definir verdaderamente como ingenuas a todas aquellas corrientes que reputan que sólo la acción (en el sentido limitado mencionado más arriba) valga, y que cada conflicto y uso de ideas sea una pérdida de tiempo. No podemos estar de acuerdo con esto, no por un "idealismo", del cual nos encontramos sumamente lejos, sino porque ésta es una actitud que se revela abstracta e incompleta desde el punto de vista de la misma acción. Un impasible Dominador y suscitador de ideas-fuerza abatirá en el primer choque a estos exaltadores de la pura acción, arrancándoles y dirigiendo en su contra precisamente a esa misma fuerza sobre la cual ellos se basan.

Pero sin embargo también este grado es todavía provisorio y debe ser trascendido. El mismo no conduce más allá del nivel del tribuno del pueblo. Permanece dentro de un orden para el cual podrían valer incluso las teorías psicoanalíticas del inconsciente colectivo, de la "horda primitiva".

El mismo implica un compromiso. Los múltiples "mitos" y las diferentes ideas-fuerza no deberían servir de apoyo y de condición para el Dominador, puesto que él sólo debería ser la condición. Ahora bien, tales ideas —sobre todo las de "nación" y de "patria", en las cuales éstas culminan en el ámbito del cual nos estamos ocupando— contienen forzosamente algo trascendente e impersonal, del que deriva un margen de contingencia que limita su valor instrumental, de lo cual habláramos antes. Porque a aquel que funda su propio dominio únicamente en nombre de un cierto grupo de ideas puede siempre acontecerle de encontrarse frente a otros que invoquen las mismas ideas y que —mostrando incluso situaciones que les corresponden más que las dadas por el grupo dominante— puede desplazado precisamente atrayendo hacia sí a esas mismas fuerzas sobre las cuales él se basaba.

Por lo tanto se impone necesariamente una realización ulterior, dirigida a hacer en modo tal que lo que cuente no sea tanto la idea en sí misma, cuanto en vez aquel que la afirma. No será más la idea la que dará valor y poder al individuo, sino en vez será el individuo quien dará valor, poder y justificación a una idea. Es lo que comprendió muy bien Voltaire cuando, al referirse a un rey de Francia manifestaba que si ciertos actos suyos adquirían valor, ello acontecía esencialmente porque era él quien los cumplía.

Y entonces sólo queda cumplir un último y gran paso: desembarazarse de la superstición de la "patria" y de la "nación", comprendidas en sentido democrático e impersonal. El Dominador, desplazando progresivamente el centro desde lo abstracto hacia lo concreto, finalizará aboliendo la misma idea de patria, dejará de apoyarse sobre ella, la immanentizará y no se dejará sino a sí mismo, como centro suficiente de toda responsabilidad y de todo valor, en modo tal que pueda decir: "La nación, el estado, soy Yo".

En este nivel, sin embargo, sólo puede mantenerlas aquel en el cual —de acuerdo a la expresión ya usada— la superioridad no se funda sobre la potencia, sino la potencia sobre la superioridad. Tener necesidad de la potencia es una impotencia, y el que entiende esto quizás comprenderá en cuál sentido la vía hacia una cierta renuncia (una renuncia viril, basada sólo sobre un "poder hacer a menos", sobre un "ser-suficiente") puede ser una condición para la vía de la potencia suprema, y comprenderá también la lógica escondida por la cual de los ascetas, de los santos y de los iniciados (de acuerdo a tradiciones que la mayoría reputa como mitos, Pero que nosotros no podemos para nada considerar como tales) brotaron inesperada y naturalmente poderes sugestivos y suprasensibles, más fuertes que cualquier poder de los hombres y de las cosas.

Como toda necesidad, toda brama y toda pasión expresan una privación del ser, el no dicho a todo esto integra, acrecienta, exalta al ser, y lo dirige hacia una vida superior, central y solar.

Y así desaparece también cualquier apariencia de titanismo que la idea de una asunción del poder, completamente centralizado y liberado de cualquier condicionamiento de parte de una sola persona, podría todavía poseer. Aquí lo individual es lo supraindividual, en realidad ambos se funden, y las tendencias particularistas tendrían tan pocas posibilidades de aislarse y de afirmarse la una en contra de la otra, de la misma manera que un pequeño torrente en el momento de su confluencia en el mar. Aquí el Dominador no es tanto un ser particular y mortal, cuanto en vez un elemento universal, una fuerza cósmica. Así se hace comprensible cómo los reyes, en determinadas tradiciones orientales, en el momento de su coronación, depusiesen su viejo nombre humano. Se comprenderá, detrás del símbolo mitológico, hasta cuál punto los antiguos países nórdicos pudieron considerar a sus dominadores como la encarnación de la sangre de Odín, de Freyr y de Tiuz; los Egipcios y los Iranios, casi como imágenes terrenales de divinidades solares, como sus encarnaciones; los Griegos y los Romanos, como revelaciones de constantes influjos "heroicos", testimoniados por figuras como las de Heracles y Apolo. "Residir constantemente en la gran morada del mundo; mantenerse constantemente en el recto sitial del mundo; proceder en la gran vía del mundo y, cuando se ha alcanzado esto, hacer partícipe al pueblo de los bienes que se poseen". "Por la vastedad y por la profundidad de la propia *virtus* hacerse semejantes a la tierra; por la altura y el esplendor de ésta hacerse similares al cielo; por su extensión y duración hacerse similares al espacio y al tiempo sin límites: formar un tercer poder con el cielo y con la tierra": éste es el modo como habla la Tradición.

Dominador verdadero, naturaleza imperial, es justamente aquel que dispone de esta más alta cantidad de ser, que inmediatamente significa una diferente cualidad de ser: *virtus* por la cual los otros —sin que en un cierto sentido él lo quiera— son encendidos, atraídos, arrastrados. Es aquel que se impone, por decirlo así, con su Simple presencia: como una mirada vasta y temible a la cual los otros no saben resistir; como aquella calmísima grandeza que detiene mágicamente también un brazo armado y el impulso de fieras desencadenadas y que directamente suscita respeto, deseo de obedecer, de sacrificarse, de buscar en esta más vasta vida el sentido de la propia vida más verdadera. En éste toda una estirpe, toda una tradición, toda una historia arden, como en su acto: cesan de ser abstracciones, cesan de ser idealidades exangües, se hacen realidad determinada, concreción, vida, —vida absoluta porque fin en sí misma y libertad pura—espíritu y luz-.Y así de este modo en lo más alto se encuentra aquel que efectivamente puede decir: "Yo soy la vía, la verdad, la vida" y que da a toda la multitud de los seres, a la totalidad del sistema de los determinismos inferiores de la vida, una unidad, un sentido, una justificación que antes éstos no tenían. Puesto que el-inferior no vive nunca tan perfectamente la propia libre vida sino cuando sabe que ésta tiene un centro y un fin en algo superior; cuando la parte se sabe miembro de un organismo que no está en ella misma, sino en un alma (en un alma que es una realidad y no un pálido ideal o una abstracta ley), entonces ella tiene la propia razón de ser.

Éstas serían en esbozo las etapas principales de la conquista del Estado y de la vía de la potencia. La ingenuidad de la fuerza bruta, la retórica de la idealidad y de los "inmortales principios", la relatividad y la ambigüedad del juego dinámico de las ideas-fuerza, el mito de la patria y de la nación, el apoyo de la misma potencia son varios limites que —del mismo modo como el sol naciente disuelve las neblinas y los espectros de la noche—deben ser disueltos por la realidad todopoderosa de un individuo superior y verdaderamente más que humano, el cual al final se convierte en una sola cosa con las potencias del "supramundo".

La imposibilidad de un autogobierno democrático Volvamos al liberalismo.

Hemos resaltado la situación de compromiso que lo domina en su veleidad por afirmar el "inmortal principio" de la libertad. Compromiso que se transforma en una verdadera y propia contradicción cuando, al ser desplazado el problema del individuo a la sociedad, juntamente con el de la libertad se afirma otro principio "inmortal": el principio de la igualdad. ¿Cómo no darse cuenta de que si hay igualdad no puede haber libertad? ¿Que la nivelación de las posibilidades, la identidad de los deberes y de los derechos, el despotismo de una ley que se funda exclusivamente en la cantidad, convierte en imposible la libertad? Repitámoslo nuevamente: libertad verdadera solamente existe en la jerarquía, en la diferencia, en la irreductibilidad de las cualidades individuales; solamente existe allí donde el problema social se encuentra resuelto de manera de favorecer al más completo desarrollo de las posibilidades humanas, sobre la base de un ideal de articulación, por lo tanto de desigualdad, cuyo modelo más perfecto es el antiguo sistema de las castas. Pero, prescindiendo de esto, sólo hay libertad verdadera cuando el sentido de la fidelidad, del heroísmo, del sacrificio, sabe trastocar los pequeños valores de la vida material, económica y política.

Pero vayamos más allá del análisis del carácter de superficialidad y absurdidad propio de la postura antiimperial.

Democracia es definida como el autogobierno del pueblo. La voluntad soberana es la de los muchos, los cuales la expresan libremente a través del voto, en el símbolo de los representantes, que deben plegarse al interés general.

Pero por más que se insista en el "autogobierno", surgirá siempre una distinción entre gobernantes y gobernados, en la medida en que un ordenamiento estatal todavía no se constituye si la voluntad de los muchos no se concreta en personas particulares a las cuales se les confía el gobierno. Es evidente que estas personas no serán elegidas al azar: serán aquellas en las cuales se cree reconocer muchas capacidades, por lo tanto, bien o mal, una superioridad sobre los otros, de modo tal que no serán consideradas como simples portavoces, sino que se supondrá un principio de autonomía, de iniciativa y de legislación.

He aquí cómo aparece, en el seno del democratismo, un factor antidemocrático, que el mismo busca vanamente reprimir con los principios del eleccionismo y de la sanción popular. Digamos: vanamente, porque la superioridad de los superiores se expresa entre otras cosas en el hecho de que éstos son capaces de discernir aquello que es verdaderamente valor, como también de jerarquizar a los diferentes valores, es decir sub o sobre ordenando los unos a los otros. Ahora bien, tales principios democráticos subvierten totalmente la cuestión, en la medida que remiten el juicio (sea en lo relativo a la elección, sea en lo referente a la sanción) que debe decidir cuál es el valor más alto, a la masa, es decir al conjunto de aquellos que, por hipótesis, son los menos aptos para juzgar, o cuyo juicio se restringe forzosamente a los valores inferiores de la vida más inmediata. A pesar de ello en un régimen democrático se puede estar seguro de que aquellos que sepan prospectar los mejores horizontes (aun quiméricos) en función de la utilidad práctica, tendrán una fatal preeminencia sobre los otros. En tal error —similar al de quien, luego de haber concedido que los ciegos deban ser guiados por los que ven, exigiese que sean los ciegos los que decidan quien ve mejor— en tal error se encuentra la causa principal de la degradación moderna de la realidad política en realidad puramente empírica, utilitaria y material.

Queda todavía una objeción posible: que el bienestar material constatable por parte del pueblo podría propiciar un desarrollo de orden superior. Pero tal tesis es discutible. Es un hecho que en momentos de crisis social han brotado valores más altos y fuerzas regeneradoras, allí donde en cambio los "ocios de Capua" [Se refiere aquí a la larga estadía de descanso en la ciudad de Capua que llevó a cabo el cartaginense Aníbal luego de derrotar a los romanos, permitiéndoles de este modo a éstos poder reorganizarse luego de sus sucesivas denotas.], los períodos de opulencia económica, muchas veces han propiciado estancamiento y torpor en la vida del espíritu. Es un reflejo de lo que acontece en la vida de los individuos en particular, en donde ciertos valores brotan más bien del terreno del sufrimiento, de la renuncia y de la injusticia y en donde un cierto grado de tensión, de "vivir peligrosamente" bajo cualquier punto de vista es la mejor levadura para mantener despierto el sentido de actualidad del espíritu. Pero, sin querer insistir en esto, nos limitamos a preguntar: ¿según cuál criterio la masa de los muchos debería reconocer a aquellos que deben dirigirla, no digamos para elevarla hacia una dimensión espiritual, sino aun para proporcionarle el bienestar material?

La verdad es que el democratismo vive de un presupuesto optimista totalmente gratuito. El mismo no se da cuenta para nada del carácter absolutamente irracional de la psicología de las masas. Tal como hemos mencionado más arriba al hablar de las ideas-fuerza, la masa es conducida no por la razón, sino por el entusiasmo, por la emoción y por la sugestión. Como una fémina, ella sigue al que mejor la sepa seducir, atemorizándola o atrayéndola, con medios que en sí mismos no tienen nada de lógico. Como una fémina ella es inconstante y pasa de uno al otro, sin que un tal pasaje pueda ser explicado de manera uniforme con una ley racional o con un ritmo progresivo. En especial la ley del "progreso", referido no al simple darse cuenta de que las cosas desde el punto de vista material vayan mejor o peor, sino referido en vez al pasaje de un criterio material a uno más alto, es una superstición occidental, que ha surgido de la ideología jacobina contra la cual nunca sabremos reaccionar con suficiente energía. Hablar de autogobierno de las masas, sostener que se puede dejar a la colectividad el derecho de elección y de sanción representa ello una falsedad, como lo es considerar el hecho de que el "pueblo" pueda ser considerado como una sola inteligencia, como un solo gran ser, que vive una vida una, propia, concierte y racional. Pero esto es un puro mito optimista que ninguna consideración social o histórica nos confirma, y que ha sido inventado tan sólo por una raza de siervos los cuales, incapaces de soportar a jefes verdaderos, buscaron una máscara para su anárquica presunción de poder hacer todo por sí mismos y para su voluntad rebelde.

Así pues tal optimismo, presupuesto por el democratismo, también lo es y de manera eminente por parte de las doctrinas anárquicas. Y llevado a una forma racionalista-teologizada, el mismo reaparece también en la base de las corrientes historicistas y de la misma teoría del "Estado absoluto".

Antihegelianismo

Al considerar al mundo moderno, nosotros muchas veces usamos el término "muchos" en lugar de otros más en boga, tales como "nación", "humanidad", los que nos ha transmitido la Revolución Francesa. La razón de ello es que estos términos ya en sí mismos reflejan el hábito mental democrático y colectivista. Nosotros no podemos y no queremos adherir, en otras palabras, y de alguna manera, a aquel tenaz residuo de la mentalidad escolástica, por el cual se reifican o se sustancializan los denominados "universales".

Expliquémonos de esta manera. Qué es lo que sea por ejemplo el "Hombre" más allá de los hombres en particular, todavía esperamos que alguien nos lo explique. En la realidad nosotros sabemos de hombres, pero del "hombre" en general no sabemos nada o, para decirlo mejor, sabemos que el mismo no es nada, en la medida que sabemos que el mismo es un simple concepto obtenido borrando, con la abstracción propia de un pragmatismo clasificatorio, las notas específicas de los individuos singulares y concretos, los cuales de esta manera se desvanecen en una vacía uniformidad. En tanto tal, el "Hombre" es algo que en todo caso tiene existencia en nuestra mente, pero al cual en la realidad no puede corresponderle nada.

Análogamente sostenemos que la "nación", el "pueblo", la "humanidad", etc., en vez que seres reales, son simples metáforas, y que su "unidad" por un lado es simplemente verbal, por el otro no es la de un organismo ya constituido según una racionalidad inmanente, sino en vez la de un sistema de muchas fuerzas individuales que chocan y se equilibran entre sí, y por lo tanto esencialmente dinámica e inestable. Esto es lo que queremos tener bien presente al usar el término "muchos", agregando al carácter ya mencionado de irracionalidad de la "masa", el de su naturaleza plural.

Desde un tal punto de vista, también el concepto-base democrático de la denominada "voluntad del pueblo" se demuestra como inconsistente y a ser sustituido por el del equilibrio momentáneo de las muchas voluntades, de los muchos individuos asociados en mayor o menor medida: así como la caída de una cascada que de lejos puede parecer algo quieto y compacto, pero que de cerca resulta estar compuesta por una infinidad de elementos diferentes en incesante movimiento. De la misma manera todo democratismo no es en el fondo sino un liberalismo y un atomismo disfrazados.

Sobre la base de estas consideraciones que nos dan como conclusión la irrealidad del ente pueblo, del ente nación, etc., y en el carácter alógico de la realidad múltiple al cual ellos concretamente se reducen, no se podría nunca insistir demasiado, antes de que no se manifieste una fuerza de lo alto y que se despierte la potencia de la fidelidad. En esto es decisivo que, si las mismas revelan aquello en lo cual la doctrina democrática de la organización desde lo bajo puede justificarse cual autogobierno del "pueblo" o de la "nación", revelan a su vez una ficción aún más aviesa, de la cual muchas concepciones que se dicen y que se creen antidemocráticas no se encuentran para nada carentes. Pretendemos referirnos a la superstición y a la idolatría por el "Estado", específicamente nos referimos al concepto neohegeliano' de "Estado absoluto" o Superestado, por el decimos "neohegeliano" porque entendemos combatir sobre todo ciertas deducciones políticas de los tiempos más recientes, de las cuales sólo en parte está justificado su remisión a la completa doctrina de Hegel: En cuanto Hegel ha escrito *(Enciclopedia de las ciencias filosóficas* , 546): *"El estado es en cuanto espíritu viviente simplemente solo como un todo organizado, dividido en las actividades particulares, que a partir...del único concepto producen continuamente lo mismo como resultado"* y ha agregado (542) *"En la forma completa de estado, en la cual todos los momentos del concepto hanalcanzado su existencia libre, esta subjetividad no es una determinada persona moral o una decisión que resulte de una mayoría —forma en la cual la unidad de la voluntad decisional no tiene una existencia real—sino como individualidad real, voluntad de un individuo que decide: monarquía",* en cuanto Hegel ha expresado este pensamiento, nuestra crítica no se podría dirigir totalmente en su contra, Se trata aquí sobre todo de cual se afirma que lo que es real es el Estado y no los individuos, los cuales, cualesquiera que ellos sean, a partir de los mismos jefes, deben desaparecer detrás de la figura del Estado.

Pocos fenómenos obsesivos se nos aparecen con un carácter tan aberrante como éste, cuyo abstractismo es por cierto sumamente peor que el abstractismo democrático. En efecto, hemos ya visto que en la democracia el "pueblo" en el fondo es una máscara que, a través de la noción más concreta del "interés general", nos revela, en especial en sus formas liberales, una reconocida realidad de los sujetos, sobre la cual se desplaza el centro, aun en una instancia igualitaria y antijerárquica. En la doctrina del "Estado absoluto" esta realidad desaparece, devorada por una mera idea; no queda más ningún centro ni en lo alto ni en lo bajo, en la medida que los mismos jefes no son sino los poseídos de los poseídos, instrumentos de esta impersonalidad a la cual todo debe subordinársele.

Nosotros nos hemos expresado con suficiente claridad en relación al valor pragmático que pueden tener algunas ideas-fuerza o "mitos", y podremos también conceder, con las debidas reservas, que el "Estado absoluto" se encuentre entre éstas. Sin embargo es necesario que de ninguna manera el asunto se transforme en un *marché de dupes* ["Mercado de estafados"]. Todo verdadero imperialismo debe ser intensamente positivo, así como reconocer una sola realidad: la del individuo. El imperio será para un individuo, para un individuo superior, para el individuo capaz de decir: "El Estado soy yo" y no en cambio el individuo para el Imperio. Habrá una jerarquía porque hay jefes y no jefes porque hay una jerarquía. El rastro profundo, el dominio organizador, dejado por un grupo de conquistadores, dará sentido a la denominada "unidad nacional", a la denominada "nación", y no el mito de ésta a la vida profunda de los que no tienen necesidad de ello. El estado, la nación —y también la "tradición"— son abstracciones algunas recientes interpretaciones italianas del pensamiento hegeliano en sentido estatolátrico, en las cuales la idea de estado absoluto es asociada a tendencias de una centralización despersonalizadora, de una "socialización" absoluta de toda actividad, de una intolerancia ante todo concepto tradicional de casta y de aristocracia: de modo tal que en el marco del fascismo, algunos han llegado al límite de reputar como posible una conciliación de esta concepción del estado no sólo con el marxismo, sino también con el sovietismo (cuanto más tareas), las cuales son solamente en la realidad de algunos individuos que se imponen, crean vías en donde no había vías, hacen unidad de aquello que antes no era sino multiplicidad, *caos,* confusión, dominio de fuerzas subpersonales.

Una vez venida a menos esta realidad, este nivel superior de fuerza, de vida y de luz (cuya transmisión a través de *élites* o dinastías a través de las generaciones, en contra del límite del tiempo, constituye aquello que en sentido eminente y positivo puede decirse tradición), con la función que sobrevive a sí misma por inercia, con la vacía forma de una organización imperial o nacional sin más nada que la justifique, con el centro de una monarquía, cuyo trono está vacío, con esta supervivencia obsesiva, la que luego se autonomiza y reacciona en contra de aquello de lo cual no es sino la sombra al pretender que ningún individuo exista para dominarla y que ella permanezca como la suprema realidad, con esta degeneración coincide la génesis de la idea de "Estado Absoluto", de "Nación" y de todas las análogas retóricas de los tiempos más recientes.

Esta superstición, la herejía política que deriva de Hegel ha sido conducida por éste hacia los vértices de un sistema filosófico. Es necesario que decididamente nos liberemos de ésta, y de cualquier reflejo suyo a fin de retornar a la visión nórdico-ariana de seres libres y vivientes, que no conocen la voz de las multitudes niveladas, que abaten y se burlan de tales ídolos de arcilla de las ideologías modernas y se organizan libremente, sobre la sola base de las diferencias irreductibles que se definen en la relación natural y dinámica de sus intensidades. Hombres jefes de hombres, y hombres siervos de hombres cuales formas puras, no hombres convertidos en sombras por sombras.

Frente al concepto colectivista, centralizador y uniformador de estado y de nación, sostenemos con firmeza por lo tanto el concepto pluralista, individualista y realista, como base para una restauración en sentido jerárquico-viril y antidemocrático integral.

Que no se olvide: la "nación" es un invento moderno, una invención francesa. El nacimiento de la idea de nación coincide con la caída de nuestro ideal feudal, aristocrático e imperial. Para las razas germánicas primordiales la nación coincidió con el conjunto de las estirpes mandadas por señores libres; señores unidos por la sangre, unidos en la acción como en un único frente, listos para someterse con orgullo a la disciplina de una Orden guerrera en donde, contemporáneamente, se convierten con su séquito en "vasallos" del *dux* o *heretigo,* conservando siempre, a pesar de ello, su independencia, el sentimiento de ser ellos mismos principios diferenciadores, y no simples irradiaciones de lo colectivo. Lo mismo se podría decir respecto de la antigua constitución aristocrática de Roma. Lo misma, *mutatis mutandi,* de la de los Arianos de la India: ellos no tenían la "nación", conocían sólo la casta, y en ellos la casta se expresaba espiritualmente, como un principio supremo e inviolable de orden y de jerarquía. Lo mismo también de los Arianos de Irán: el fuego divino — *hvarenô* o *farr*— llevado por su raza, confluye en los tres fuegos, a los cuales les corresponde la articulación de las tres castas superiores, la de los señores del sacrificio, la de los guerreros y la de los jefes de familia, vinculados con solidaridad, pero sin ningún vínculo colectivo y "público".

La característica principal de los pueblos nórdico-arios es este sentido de singularidad, de anti-colectivismo, el cual luego coincide con civilidad, con "forma", en contraposición a la promiscuidad, propia de las comunidades y razas meridionales o a las formas inferiores de sociedad.

Cuando en Occidente los soberanos se enemistaron con la aristocracia feudal, cuando sistemáticamente apuntaron a la centralización en el sentido de la "nación" —y fue justamente Francia la que se ha decididamente encaminado hacia ese proceso— éstos comenzaron a cavarse la fosa por sí mismos. Los "poderes públicos", instituidos por los reyes con una nivelación absolutista, eliminando los privilegios y las diferentes leyes propias de cada casta, constituyerón aquello desde lo cual, al minarse la realeza, habría tenido que tomar luego cuerpo y ejercer su tiranía justamente el "pueblo", la masa. Todo estado absolutista es un estado antiaristocrático. Toda centralización allana el camino a la demagogia, por lo tanto a la caída de lo personal en lo colectivo.

Individualidad, diferenciación, articulación, un Orden constituido por nadie más que por individuos y por claras, puras y viriles relaciones entre individuos: éste es pues nuestro ideal.

Nacionalismo significa retorno al totemismo. Superestado como encarnación del "espíritu absoluto" es la máscara de la idea del *Leviathan,* la verdadera antesala hacia los Soviets.

Antihistoricismo

Pasemos a considerar ahora la desviación democrática en relación a sus manifestaciones historicistas.

Para nuestra crítica tomamos como ejemplo a la ideología de un pensador italiano, de Giuseppe Mazzini, ello tan sólo como mero punto de referencia. Las mismas consideraciones se podrían sin más extender también a otras concepciones que tienen el mismo espíritu y que hoy se encuentran sumamente popularizadas. Pero la ideología mazziniana es particularmente interesante por su intento de querer mezclar temas diferentes, no haciendo excepción respecto de la misma idea romana.

La voluntad democrática de esta tendencia ha inventado una "filosofía de la historia", para refutar a la cual ya las consideraciones anteriores serían suficientes. La misma no sólo "reifica", sino incluso teologiza al "pueblo": el ente-pueblo se convierte en el cuerpo místico en el cual la misma divinidad, descendida de los cielos y debidamente socializada, viviría y se revelaría como en su intérprete, de acuerdo a una ley progresiva de desarrollo que es la evolución misma de la humanidad a través de grandes ciclos que reflejan cada uno de ellos una idea, o "revelación" de la mente divina.

Ésta no es más que una mísera mitología moderna, a la cual con seguridad no habrá persona seria que le preste atención y cuyo carácter judeo-protestante salta inmediatamente a la vista. Nosotros declaramos nuevamente que el ente-pueblo, si no es una mera abstracción, es un error inferior, irracional y "demónico" que en sí mismo, sin la acción dominante de seres superiores, no podría tener ninguna relación con lo divino. Consideramos corno una verdadera desviación a aquella idea que sostiene que lo divino debería revelarse bajo cualquier aspecto en un ámbito de confusión, en el elemento de la masa, y no en cambio en aquellos que casi son ellos mismos naturalezas divinas. Nosotros remitimos a la idea dórico-olímpica respecto de la superioridad de los dioses sobre todo lo que es devenir, y llamamos superstición proveniente de lo bajo, mito antiaristocrático de *parvenus,* a la idea del "progreso" y de la "evolución de la humanidad"; llamamos fantasía de almas débiles a la idea de un plano providencial, o racional de la historia, a la idea de que todo lo que acontezca deba decirse racional y justificado y que se inserte en la realización de un fin trascendente, respecto del cual penetre luego la opinión privada de uno u otro filósofo. Cuales seres libres, nosotros vemos en la historia la libertad y, en particular, rechazamos la legitimidad de la idea de una "filosofía de la historia", puesto que expresa sólo un ropaje del determinismo, la incapacidad por ver y por querer la realidad viva, irrepetible, única de los hechos históricos. En tanto espíritus aristocráticos, nosotros contraponemos al moderno mito de la evolución y del desarrollo el ideal tradicional de la estabilidad y, en todo caso, el mito tradicional de la involución, de la decadencia que, desde Hesíodo hasta los Persas, desde los Caldeos hasta los Hindúes, desde los Egipcios hasta las concepciones nórdicas del *ragna-rükkr,* unitariamente ha sido dado como "sentido de la historia", a través de doctrinas como la de las "cuatro edades".

¿Qué es lo que quiere la filosofía de la historia mazziniana? Sólo una cosa: demostrar que lo que debe ser, puesto que incorpora la "finalidad" del mismo progreso histórico, el cual una "tercera Roma" debería asumir como misión profética propia, es el antiimperio, es decir, el ideal de la humanidad-realidad-única, realizado a través de la hermandad de pueblos iguales, a través del impersonal asociacionismo en una federación antimonárquica, enemiga de cualquier jerarquía de lo alto, que se ilusiona de expresar en una mítica "voluntad del pueblo" la superstición de una "voluntad de Dios". Si esta ideología se desviste de todos los aspectos místicos y se la fija fríamente descendiendo hasta los impulsos escondidos e inconfesados que le dan alma, se hallará el sofisma mismo de la democracia y de la anarquía, con fa misma ilusión optimista acerca de la racionalidad de la masa y de la historia; se hallará la expresión misma, distinta, inequívoca, de aquello que, como ideal de la *"ecclesia",* surgió a partir de la rebelión cristiano-plebeya en contra del ideal de Roma; y se hallará por lo tanto esencialmente el espíritu de la Reforma, el mismo espíritu del cual deriva la organización moderna; antiimperial, antiaristocrática, antirreligiosa —en tanto ha reducido la religión a socialidad— y anticualitativa, propia de la sociedad anglosajona y yanqui.

El idea mazziniano en verdad resulta idéntico a aquel producto esencialmente democrático y luterano que se preanunciara con la denominada "Sociedad de las Naciones". En efecto, una confederación internacional, presidida no por la potencia y por la resplandeciente realidad de un solo ser superior—el emperador de la concepción ecuménico-gibelina dantesca que "considerando las diferentes condiciones del mundo y ordenando los diferentes y necesarios oficios, tenga por función irrebatible la de mandar al todo universal" *(Convivium* IV, 4)— sino por un pueblo, es más por el pueblo, por la "humanidad". Puesto que el "pueblo elegido" (otras superstición judaica: nosotros no conocemos "pueblos elegidos", sino solamente pueblos que son superiores o que en la lucha se crean a sí mismos como superiores), según Mazzini, tendría únicamente la misión de negarse a sí mismo y de imponer este nuevo evangelio: que todos los pueblos son libres y hermanos. La veleidad nacionalista mazziniana de querer mantener a cada pueblo una función y una misión particular, se desvanece ante la afirmación de que esta misión debe luego resolverse sin residuo alguno en el interés general de la humanidad. Si así una especie de confederación universal, a constituirse sobre la base de un sistema de revoluciones antimonárquicas y anticatólicas, es el centro de todo el evangelio político-religioso de Mazzini, vemos como este evangelio, en el fondo, sea un precursor de las diferentes tendencias modernas antiaristocráticas, pacifistas y democráticas, hasta la denominada "Paneuropa".

Ni tampoco se preocupan los mazzinianos de captar larvadamente en la Roma verdadera, en Roma en cuanto Roma, algo superado por el "progreso". Su ciego apriorismo evolucionista los hace subyacer a la nunca suficientemente deplorada superstición de agotar la paganidad romana en el concepto de una realidad puramente jurídica y material, y de hacer del cristianismo la prerrogativa de los valores del espíritu. La "misión" de Roma pagana, según éstos, se habría agotado en la constitución de una unidad jurídica y de un imperio material, basado en la fuerza; la segunda Roma, la católica habría constituido en vez un imperio espiritual; y la síntesis sería la tercera Roma, que debería afirmar la unidad social, constituyendo el pálido asociacionismo y federalismo, del cual habláramos más arriba. El derecho romano habría dado el factor "libertad", habría preparado sobre el plano material una igualdad que luego en el cristianismo se realizó en el campo espiritual: y se profetizaría una época nueva en la cual los dos términos, de libertad y de igualdad, se unirían en una síntesis, dada por el concepto de humanidad asociada.

En tanto intransigentes custodios de los valores de la tradición pagana, nosotros rechazamos estos sofismas historicistas. No, Roma fue una realidad simultáneamente material y espiritual, un ideal completo y resplandeciente, el que se acepta o no se acepta, y que se rebela ante cualquier intento de doblegarlo en el juego de una arbitraria dialéctica progresista; fue la potencia augústea surgida con la finalidad de "tener el imperio del mundo, para imponer leyes de paz y otorgar el perdón a los vencidos y muerte a las gentes soberbias" (Virgilio, *Eneida,* VI, 852-4) y fue al mismo tiempo algo sacral, una formación cultural en la cual no hubo ningún gesto de vida, público o privado, en guerra o en paz, que no estuviese acompañado por el rito o por el símbolo; una formación cultural de origen misterioso, que tuvo sus semidioses, sus reyes divinos, el culto ario del fuego y de la victoria, la culminación de una *pax augusta et profunda,* en la cual casi materialmente se realizó un reflejo universal de aquella *aeternitas* que se reconoció en la misma función imperial.

No, la nueva fe asiática no fue la "continuación" de Roma, ella deformó Roma. Justamente ella que muchas veces no había hesitado en identificar a la ciudad del César con la bestia del Apocalipsis hebraico, con la prostituta de Babilonia. Roma no conoció la "igualdad", como la concibe la plebe moderna. La *aequitas* del derecho romano es un concepto aristocrático: no responde sino a la idea clásica de justicia, que los conceptos cristianos de piedad, perdón, arrepentimiento, gracia, compasión y amor, minaron. Tan sólo la nivelación de todo valor terrestre en un idéntico no-valor y en la igualdad de todos los seres respecto a "Dios", respecto al "pecado original" de la fe hebraica y respecto del arbitrarismo de la gracia, fundó en el Occidente un principio ignalitario que era totalmente desconocido por las formas superiores de las civilizaciones paganas; representó una herejía para ellas, y más aún en el plano material, regido por una organización jerárquica, por relaciones militares, por relaciones de señorío y de esclavitud y de precedencia de las *élites*.

La romanidad no tuvo necesidad de ningún aporte semítico para reconocer su ideal universal y para realizarlo. Aquello que en los tiempos siguientes hay todavía de grande, en verdad le pertenece. Tal como hemos ya dicho, la grandeza de Roma, surgida de las fuerzas de los Arianos nórdicos, ha creado la última gran época ecuménica del Occidente, la civilización feudo-imperial de la Edad Media. Aquello que quizás habría permanecido como la oscura herencia de una secta palestina, pudo a través de nosotros, como Iglesia, participar por un momento de un valor universal.

Pero nuestra universalidad no es la universalidad mazziniana: ésta no es sino un internacionalismo, no es sino el despliegue de aquella tendencia niveladora, fraternizadora, socialista y democrática, que no tiene nada de romano, cuya libertad no es nuestra libertad, cuya última palabra no es un organismo, sino un agregado, no universalidad, sino colectividad. Y los dos términos de la pseudo síntesis mazziniana, romanidad y socialidad, representan dos conceptos irreconciliables. Entre ellos no hay elección posible, ni compromisos ni componenda alguna.

Que busque nomás su justificación en el "sentido de la historia" aquella plebe que, quebradas todas las cadenas, ha inundado todos los rincones y que ahora, en un mundo que no conoce más ni emperadores ni pastores, exhibe sus coartadas envenenando toda fuente, embadurnando los trivios de la ciencia, de la política, de la religión, de la cultura, con su ausencia de espiritualidad. Reclame nomás que el ritmo de la historia, de la evolución, se acelere, se convierta en pandémico, que el fin glorioso de su "progreso" —el sol del "porvenir"— se acerque, para que arribe finalmente la última caída que la sepultará miserablemente debajo de ella.

Nosotros pertenecemos a un mundo diferente, que permanece inmóvil según la estabilidad de las cosas que son. Nosotros poseemos una verdad, no una retórica.

Nosotros poseemos una tradición. Roma para nosotros sigue siendo aquel símbolo inmutable, realizado y suprahistórico, que hizo decir a los mismos Galileos que "mientras que Roma exista, las convulsiones de la edad última no deberán temerse, pero si Roma cae, la humanidad estará cerca del final".

Individuo y humanidad

Otra forma de justificación, más evolucionista que historicista, que puede asumir el democratismo, puede hallársela a partir de las afirmaciones. El mismo pensamiento fue seguidamente expresado, casi con las mismas palabras, por Mussolini, luego del Concordato, en el Senado italiano, cosa que suscitó mucha irritación de parte de los Güelfos.

Esta forma tiene la ventaja de poder ser considerada en sí misma, no sobre la base de una hipotética confirmación *ad usura delphini,* sino como una posible concepción del mundo en general. Ella es por cierto más coherente, pero justamente por esto es mucho más fácil de resaltar cuan furiosamente en ésta la instancia tienda a invertirse en la que anima los valores del ideal jerárquico.

Según este punto de vista se sostiene pues que hay una sociabilidad que, lejos de representar el punto de arribo de un desarrollo ideal, es en cambio tan sólo el punto de partida. Tal estadio es hallable aun en ciertos pueblos primitivos, en donde parece que los sujetos no tuvieran una verdadera conciencia de sí cuales seres autónomos, sino que vivieran cuales partes de un ser colectivo indiferenciado, que era su tribu o su pueblo.

Di Cesará ve un progreso al pasarse más allá de aquel estadio primitivo "social": más allá de la humanidad es necesario que se reafirmen los hombres, en tanto centros diferentes y consientes de sí mismos. Pero a los hombres, en un tercer momento, se les pide la restauración del lazo universal de la humanidad que entonces no será más un dato, casi una naturaleza en la cual los sujetos se encuentran vinculados inmediatamente, sino en cambio algo que los hombres mismos pondrán espontáneamente, con un acto libre. El democratismo correspondería a esta tercera fase en cuanto que apuntaría justamente al ideal de una socialidad sobre la base de un conjunto de seres iguales, autónomos y libres. Frente a tal concepción, el punto principal de la crítica es éste: ver en qué consiste más precisamente la diferencia entre aquella sociabilidad, que sería el punto de arribo y la otra que sería tan sólo el punto de partida de un tal desarrollo.

Di Cesará agrega a la concepción expuesta el concepto de una ley de individuación progresiva, y, una vez dada la cual, el asunto se presenta sin embargo bajo una óptica muy diferente. Una tal ley supone que los grados inferiores de la realidad se diferencien de los grados más altos por el hecho de que en los primeros el individuo se puede escindir en más partes que conservan la misma cualidad (las partes de un mineral, por ejemplo, y algo semejante acontece en ciertas especies de plantas y en la partogénesis de animales inferiores), mientras que en los segundos ello no es más posible, puesto que en éstos el individuo es una unidad orgánica superior, que no se deja más dividir sin que ella decaiga y sin que sus partes pierdan plenamente el significado vivo y específico, la cualidad que tenían en éste. La naturaleza nos mostraría un impulso de individuación progresiva, que va de los sistemas físicos minerales hasta la suprema individuación, dada por la simplicidad infrangible propia de la autoconciencia humana.

Según Di Cesare es concebible sin embargo una fase ulterior de este proceso, en el cual la ley de individuación progresiva tiende a superar al individuo humano en una forma más vasta de asociación que sería el individuo social, la unidad social y espiritual de la humanidad. Unidad que se diferenciaría pues de aquella otra, propia de la socialidad primitiva, punto de partida por el hecho de ser la culminación de un proceso de individuación.

En todo esto hallamos justamente lo necesario para derrumbar la postura democrática. ¿En qué consiste en efecto, el hecho de ser-individuo? Se lo ha ya dicho: en el hecho de que el estado de simple agregado de partes separables (la forma más tosca de la individuación mineral) cesa, y surge un principio superior que se reafirma sobre ellas; las subordina a sí y las hace obedecer a una determinada ley. Y la individuación es tanto más alta en cuanto más perfectas son la subordinación y el dominio de este principio superior. Y entonces: así como nosotros vemos que la unidad de los compuestos químicos es un dominio sobre múltiples elementos diferentes y sobre fuerzas puramente físicas (grado inferior), y la unidad vegetal un dominio sobre varias unidades y leyes químicas bajo una ley superior que las trasciende, y así sucesivamente; de la misma manera, admitiendo el desarrollo antes mencionado a partir del individuo singular, en la unidad del "individuo social" deberíamos comprender un dominio sobre los individuos singulares, y no la unidad democrática de un representante de los muchos, sino la unidad imperial de un dominador de los muchos, el *Imperium,* la correspondencia con aquella misma hegemonía que resplandece irrefutablemente en la vida de un alma señora de sí y del cuerpo.

Aun admitiendo la ley de la individuación progresiva, nosotros hallamos pues que, si debe haber una diferencia entre el punto de partida y el de arribo del proceso, si éste debe ser algo más que un enorme *circulus vitiosus,* tal diferencia puede consistir sólo en esto: que al inicio cada Yo en sí mismo no era nada e idéntico a todos los demás, como una especie de *medium* en el cual circulaba la vida colectiva de la comunidad: era pues la humanidad; pero al final, luego de que distancias siempre más grandes se crearan entre Yo y Yo, diferenciando de grados inferiores grados superiores de autoconciencia y de potencia humana y creando así una jerarquía, surgirá quien pueda decirse no más humanidad, sino Señor de la humanidad.

Éste es el único modo de comprender coherentemente la ley, o para decirlo mejor, la voluntad de individuación progresiva en lo referente a un posible desarrollo más allá de la forma propia de la conciencia humana normal; y agreguemos que, por otro lado, la idea del "Señor de la humanidad" no es para nada una idea inventada por nosotros: corresponde precisamente al concepto ariano primordial del *Cakravarti* que, en sus términos simbólicos de la saga y del mito, ha sido continuamente vinculado con las figuras regias o legendarias de grandes dominadores: desde Alejandro Magno hasta el rey Arturo y el emperador Federico II.

Vista de manera unilateral, la cuestión puede quizás tener un cierto tinte de anormalidad, casi como en la idea de una parte del cuerpo que se arrogara el derecho de subordinar a sí a todas las restantes. Pero este colorido se desvanece totalmente apenas se desconfíe de denominar "hombre" a quien, como dominador de los hombres, no sería más un hombre, sino un ser de un nivel superior, aun si exteriormente conserve en modo general las apariencias humanas comunes, por el hecho de que la jerarquía, cuyos elementos ya son las conciencias, es inmaterial y no puede ser distinguida por ninguna característica físicamente visible. Como tal, el dominador no podría más compararse por ejemplo con una mano que quisiera adueñarse de todo el cuerpo, sino a la misma unidad orgánica del cuerpo que, en una síntesis superior incorpórea, comprende a la mano y a todo lo demás.

Así como puede concebirse que aquella función unificadora y organizadora de la naturaleza a la cual le corresponde un compuesto mineral se transforme y pase (en el sentido ideal, no histórico) a aquella potencia superior propia, en la cual los elementos y las leyes minerales se convierten en medios subordinados al individuo vegetal y así sucesivamente, análogamente se puede pensar en un pasaje de la potencia que rige conjuntamente a aquel agrupamiento de seres y de elementos que constituye la personalidad de un hombre común, a una potencia superior en la cual los elementos que son dominados según una misma relación son las leyes y las voluntades de las diferentes conciencias de los hombres o de las razas.

Con esto no es que se quiera abolir el "hombre", es decir aquella conciencia de libertad, de individualidad y de autonomía de los sujetos, conquistada frente a la primitiva, indiferenciada, mediánica socialidad. Un verdadero Rey no desea nunca sombras, fantoches y autómatas como súbditos, sino en vez individuos, guerreros, seres vivientes y poderosos; y más aún su orgullo sería el de sentirse un Rey de reyes.

Por otro lado ya hemos dicho que, si somos intransigentes afirmadores de la necesidad de la jerarquía, sostenemos que esta jerarquía debe construirse dinámica y libremente, a través de relaciones naturales de intensidad individual. Así se formaron las primitivas aristocracias —aun allí donde no las imponía directamente un principio sobrenatural—, no por elección y reconocimiento desde lo bajo, sino por una directa afirmación de individuos capaces de un grado de resistencia, de responsabilidad, de vida heroica, generosa, vasta y peligrosa, de la cual los otros no eran capaces. Es la "prueba de fuego": aquello que aterroriza y destruye a algunos, hace de los que resisten unos Jefes, ante los cuales naturalmente y libremente las masas se pliegan y obedecen, hasta que no aparezca otro aún más fuerte, del cual los jefes primitivos serán los primeros en reconocerle el derecho y la dignidad, sin rencor o envidia, sino lealmente, militarmente. En ninguna otra concepción como en ésta el valor del individuo se encuentra conservado mejor. Es en vez en la solución democrática que el mismo tiende a desaparecer por el advenimiento de una realidad impersonal, que nivela a todos los individuos bajo una misma ley; ley que no se individua en ninguno y no se justifica en ninguno, y que sirve de recíproco apoyo, de recíproca defensa y de recíproca esclavitud de seres cada uno insuficiente a sí mismo.

La irracionalidad de la igualdad

Volviendo a lo que ya se ha dicho al comienzo de este capítulo, detrás del "pueblo", del cual hablan los demócratas, hallamos pues a los "muchos", los cuales (y aquí estriba la diferencia) son comprendidos de manera igualitaria, en la medida que el reconocimiento de los jefes se pretende hacerlo decidir no por la calidad, sino por la cantidad (el mayor número, la mayoría del sistema eleccionista). Pero la cantidad puede ser un criterio tan sólo en el supuesto de la igualdad de los sujetos, que iguala el valor del voto de cada uno.

Ahora bien, el "inmortal principio" de la igualdad es aquello que puede *ser* refutado en mayor medida. La desigualdad de los hombres es algo demasiado evidente como para que se deban gastar palabras en demostrarlo: basta tan sólo abrir los ojos. Pero los adversarios, que concederán tal hecho, harán de ello una cuestión de principio, y dirán: Es cierto que los hombres son desiguales, pero lo son *de facto,* no *de jure:* ellos son desiguales pero no deberían serlo. La desigualdad es injusta, y no tenerla en cuenta, buscar en vez de ir más allá de ella, éste es justamente el mérito del ideal democrático.

Sin embargo éstas son apenas palabras: tenemos en vez que de hecho el concepto de "muchos" es lógicamente contradictorio respecto del concepto de "muchos iguales".

Así lo formula en primer lugar el principio de Leibniz de la identidad de los indiscernibles, que se expresa así: un ser que fuese absolutamente idéntico a otro sería una sola y misma cosa con éste. Kant trató de refutar tal principio refiriéndose al espacio en el cual, según él, puede haber cosas iguales y sin embargo diferentes: pero, aun prescindiendo de la incongruencia de transferir sobre el terreno espiritual lo que es propio sólo del mundo físico, la moderna noción del espacio rechaza la objeción, puesto que para esta noción cada punto se convierte en un valor diferente asumido por la función del continuo cuadrimensional de Minkowsky. En el concepto de "muchos" está pues implícito el de una diversidad fundamental de éstos: unos "muchos" que fueran iguales, absolutamente iguales, no serían muchos, sino uno. Querer la igualdad de los muchos es pues una contradicción en los términos.

Lo sostiene a su vez el principio de razón suficiente, el que se expresa así: Para cada cosa debe haber alguna razón para que sea esa cosa y no otra. Ahora bien, un ser absolutamente igual a otro se encontraría privado de "razón suficiente": sería una duplicación totalmente carente de significado. De los dos de estos puntos resulta pues racionalmente fundado el concepto de que los "muchos" no sólo son desiguales, sino que deben serlo también, que la desigualdad es verdadera *de facto* tan sólo porque es verdadera *de jure*, que ella es real tan sólo porque es necesaria. Pero formular la desigualdad quiere decir trascender la cantidad, quiere decir pasar a la calidad; y he aquí que se justifica la posibilidad y la necesidad de la jerarquía, he aquí que el criterio de la mayoría se muestra como absurdo, que toda ley y que toda moral, que partan de presupuestos igualitarios, son antinaturales y violentas.

Repitamos una vez más que son los superiores los que deben juzgar a los inferiores. Puesto que el carácter del error es el de no conocerse a sí mismo como error, pero el carácter de la verdad es en vez el de formularse a sí misma como conciencia de verdad conociendo al mismo tiempo al error como tal, de la misma manera que el carácter de aquello que es superior es el de formularse directamente como superior frente a los inferiores, convertidos en tales justamente en razón de esta postura de los primeros. La superioridad no debe reclamarse a alguna sanción o reconocimiento, sino que debe fundarse únicamente sobre la directa autoconciencia de superioridad de aquellos que son superiores y se someten, en chanto superiores, a cualquier prueba.

Por esta razón el denominado criterio de lo "útil" no puede ofrecer sostén alguno. Debería en efecto comenzarse diciendo qué es lo útil, en relación a qué cosa y a quien. Por ejemplo, también en un régimen democrático subsiste un margen de violencia, cual es la violencia propia de la autoridad constituida, la que implica un fisco, leyes civiles y penales, etc. Esta violencia no se la denomina tal porque se la reputa conveniente a la utilidad del mayor número. ¿Pero quién es el que define y justifica a este útil, y quién fija pues los famosos límites entre "legalidad" e "ilegalidad"? Que la masa, en un orden racional de cosas, no pueda ser la que lo haga a causa de la inestabilidad y de la inferioridad de su capacidad discriminativa, ello ya ha sido demostrado. Sin embargo, si no se pretende desplazar el centro hacia la calidad, todo se resolverá en la peor de las tiranías: la ejercida por el número sobre los pocos, cualitativamente superiores, que son arrastrados inexorablemente por el engranaje, constituido como ley, de los determinismos de la vida inferior y de la "sociedad" organizada, justamente como acontece en el Occidente moderno.

Pero sucede que este "útil" es en sí mismo algo sumamente menos absoluto de lo que se quiera creer, en relación a la misma masa. A causa del ya mencionado carácter irracional de la psicología de las masas, aquello que la mayoría hace muy pocas veces ha sido este "útil" puro y simple, y aun menos la voluntad autónoma de los muchos; infinitamente más veces ha sido en vez la potencia, la fuerza sugestiva de personas particulares, de cuya potencia el mayor número de los secuaces fue tan sólo una consecuencia y un eco. Y los individuos poderosos han sabido arrastrar a las multitudes allí donde han querido, echando por la borda todas las normas mediocres, burguesas, calculadas con precisión, de "utilidad", de conveniencia, de bienestar general. Es la historia la que nos lo muestra por doquier: encendidos por el entusiasmo de un hombre, por un símbolo, por una idea, millones de seres han superado las barreras de la prudente normalidad, se han sacrificado, han ardido, se han destruido.

El democratismo sabe esto. Y por ello, lentamente, sutilmente, serpenteando por toda Europa, el mismo trata de extinguir a la raza de los jefes, de los animadores, de los seductores y de crear una nivelación tal que todo pueda ser reducido a la autonomía propia de las partes de un mecanismo económico abandonado a sí mismo. Y el juego les está saliendo espantosamente bien en los últimos tiempos. La Rusia bolchevizada y la Norteamérica democrática y mecanizada se contraponen como dos símbolos, como dos polos de un mismo peligro.

Pero esta voluntad de degeneración, esta tiniebla en la cual va naufragando la "civilización" occidental, nos encuentra a nosotros enfrentados a ella. Nosotros, que aún una vez, luego de Nietzsche, lanzamos una alarma y un llamado. Que nuestras naciones opongan un "¡de aquí no se pasa!" a la marea yanqui-bolchevique. Pero esto no con palabras, amenazas y vacías proclamas, sino silenciosamente, aislándose y creándose una aristocracia, una *élite* que mantenga firmes, en la realidad viviente de individuos superiores, los valores de nuestra tradición.

Luego de lo cual, todo lo demás vendrá como consecuencia natural.

Del "clan" al Imperio. Nuestra doctrina de la raza.

Hemos mencionado, al considerar las ideas del duque di Cesan), la forma "social" propia de las comunidades primitivas. Hemos también rozado de paso una relación —que a muchos podrá parecerle paradojal-entre el totemismo y el nacionalismo. Es necesario esclarecer este punto, poniendo el problema de las relaciones entre el concepto de *clan* y el concepto de imperio, entre el concepto de raza y el concepto de civilización en sentido superior.

Frente a ciertas formas abstractas y racionalistas de universalismo, hay que reconocer el derecho de la sangre, hay que reclamar verdad y valores, que vuelven cual expresión vibrante de nuestra misma vida y que, por lo tanto, se encuentran unidos con la sangre y la raza, en vez de ser pálidas generalidades "válidas para todos": éste es por cierto un reclamo justificado. Pero bajo este perfil, la teoría de la raza representa una premisa genérica, que tiene necesidad de ser ulteriormente esclarecida.

No se debe olvidar que hablar de sangre, en el caso de un hombre, no es la misma cosa que en el caso del animal. Si por sangre se entiende a la herencia biológica de una raza, la raza en el animal es todo, mientras que en el hombre es sólo una parte. El error de ciertos fanáticos de la raza, al pensar que la reintegración de una raza en su unidad étnica signifique *ipso facto* el renacimiento de un pueblo, se encuentra justamente en esto: ellos consideran al hombre como se podría considerar a caballos, gatos o perros de "raza pura". La preservación o la reintegración de la pureza de la raza, en el sentido más estricto, en un animal puede ser todo, pero no en el hombre, en el hombre de tipo superior: también para el hombre puede constituir una condición que, bajo ciertos aspectos, si bien resulta necesaria, no es en ningún caso suficiente, puesto que no es el factor raza el único que define al hombre.

Para arribar a un nivel superior y para rechazar la acusación de materialismo biológico, no es aún suficiente atribuir a cada raza un alma mística, un "espíritu" propio de ella. Esto ya lo encontramos de hecho, y en el modo más significativo en las formas primitivas de sociedad de tipo totémico. Como es sabido en estos tipos de sociedad, el *tótem* es el alma mística del grupo, del *clan* o de la raza: los sujetos miembros no se sienten en su sangre y en su vida sino como otras tantas encarnaciones de esta fuerza colectiva espiritual, no poseyendo en sí mismos casi ningún rastro de personalidad.

Si la fuerza totémica permanece en este estado, por decirlo así, difundida y sin rostro, si, consecuentemente, no hay ni jefes ni súbditos y los sujetos que componen el grupo no son otra cosa que unos compuestos, nos encontramos entonces en el nivel más bajo de la sociedad humana, en un nivel que limita con lo subhumano, es decir con el reino animal: cosa ésta confirmada por el hecho de que los *tótem* —las almas místicas del *clan— muchas* veces son simultáneamente considerados como los "espíritus" de determinados géneros animales. Es además interesante señalar que, también cuando los *tótem* presentan una figura masculina, la composición de estas sociedades refleja sobre todo el tipo telúrico-matriarcal, propio de las razas no arianas y, particularmente, de las meridionales. El principio comunista juega aquí un rol decisivo. Este tipo corresponde espiritualmente a la "vía de los antepasados" *—pitr-yána—,* de la cual hablan las tradiciones hindúes, denominada también vía de la tierra o de la madre, según la cual los sujetos se disuelven completamente luego de la muerte en las estirpes originarias, en las fuerzas de la raza y de la sangre de los antepasados, a la cual le corresponde la verdadera existencia. Pero, frente a esta vía, existe la vía solar o vía de los dioses *—deva-yána—,* denominada también vía nórdica (mientras que la primera vía, la vía de los *tótem,* es denominada vía del Sur); una vía que podemos denominar como olímpica y que recorren aquellos que se convierten en inmortales, que se hacen dioses, que "emigran para no volver".

Esta contraposición constituye la clave de nuestro problema. Una civilización, en el sentido verdadero y superior, —sea con referencia a los sujetos, sea con referencia a los pueblos— surge sólo allí donde el nivel totémico es superado; donde el elemento raza, aun comprendido místicamente, no es la instancia última; donde, además de la sangre, se manifiesta una fuerza de tipo superior, metabiológico, espiritual y "solar", que no conduce afuera de la vida, sino que determina la vida, transformándola, afinándola, dándole una forma que antes no tenía, liberándola completamente de toda mezcla con la vida animal y abriendo las diferentes vías para la realización de los distintos tipos de personalidad.

En este caso la tradición étnica no es destruida: permanece exclusivamente una base que posee una tradición espiritual cual inseparable punto de referencia, y aquí, en orden a la relación entre el factor biológico y el factor espiritual, es el segundo el que debe servir de sostén al primero, y no a la inversa.

Hemos dicho que esto vale tanto en referencia a los individuos como a los pueblos. Por lo que se refiere al primer punto, la sociología ya nos muestra, en las formas primitivas de sociedad, la frecuente formación de grupos caracterizados por la iniciación, y que por lo tanto obedecen a otra ley y gozan de una superior autoridad; y en estos grupos la cualidad principal es la naturaleza puramente viril, el principio de la exclusión de la mujer. Pero también entre los grandes pueblos tradicionales la situación no es diferente: de China a Grecia, de Roma a las estirpes nórdicas primordiales, y luego hasta los Aztecas y los Incas, la nobleza no estuvo caracterizada por la simple circunstancia de tener antepasados, sino por la circunstancia de que los antepasados de la nobleza, a diferencia de aquellos que puede tener también el plebeyo y a los cuales puede permanecer fiel también a través de la integridad de la sangre (y en el régimen de las castas el principio de la herencia valió no sólo para las castas superiores, sino también para las inferiores), eran antepasados divinos. Los nobles tuvieron origen de "semidioses", es decir de seres que efectivamente habían seguido una forma trascendente de vida, formando el origen de una tradición en sentido superior, transmitiendo a su descendencia una sangre convertida divina, y con ello también los ritos, es decir, determinadas operaciones cuyo secreto cada familia noble conservaba, y que permitían hacer retomar a la descendencia la conquista espiritual a la cual ellos en primer término habían arribado y a conducirla lentamente de lo virtual a lo actual.

Así pues, desde el punto de vista tradicional, no-tener-antepasados distingue menos al plebeyo del patricio que el hecho de no-tener-ritos. En las jerarquías arianas una única característica diferenció a las castas superiores de las inferiores: el renacimiento. El *árya* ante el *çudra* era el *ditfya,* es decir, el renacido. Y es indicativa la afirmación del *Mánavadharmalustra* (II, 172), según la cual el *bráhmana* mismo apenas abandone la iniciación, no se diferenciaría del siervo, es decir, del *víidra.* Análogamente lo que caracterizó a las tres castas superiores entre los Iranios fue que a cada una de ellas le correspondía a un determinado "fuego" celeste. Los nobles nórdicos fueron nobles por el hecho de que en su sangre llevaban la sangre de los Asen, de las fuerzas "celestes" en continua lucha con los seres elementales. Aun la nobleza de las grandes Órdenes caballerescas medievales —entre las cuales la más significativa es la de los Templarios— estaba vinculada a la iniciación. Uno de los puntos más débiles en la concepción de Nietzsche es justamente el naturalismo biológico, que en la mayor parte de los casos disminuye y seculariza su idea aristocrática, llevándola al nivel de la "bestia rubia".

Esto sería lo esencial. Pasando de las castas a las razas debe decirse en consecuencia que la verdadera diferencia entre las razas no es la naturalista, condicionada biológicamente, sino justamente aquella mucho más profunda que se halla entre las razas que conservan en la profundidad de la sangre la herencia y la presencia de un principio que trasciende a la sangre, inoculado por la acción de las *élites* dominadoras y "solares", y las otras razas que no tienen nada de todo esto, en las cuales prevalece sólo algo promiscuo y vinculado a las fuerzas de la tierra, de la animalidad, de la herencia biológico-colectiva. En el marco de estas últimas razas domina el totemismo, no hay ni verdadera diferencia, ni verdadera personalidad; el culto se resuelve en una nostalgia estático-panteísta o cuanto más en una "religiosidad" de carácter lunar y comunista.

Para nosotros, no hay ninguna otra diferencia entre las razas nobles del Norte y las del Sur: y más que una diferencia entre raza y raza hay una diferencia entre raza y superraza. Por más escandaloso que ello piteda aparecérsele a una mentalidad profana y plebeya como la de hoy en día: nosotros sostenemos con firmeza el carácter divino —en el sentido literal del término— que algunas razas pueden tener en lo relativo a otras, en las cuales con su sangre no es transmitida la herencia de un factor suprabiológico y podemos decir, suprahumano.

Así pues a nuestro parecer, la doctrina del conde de Gobineau tiene por cierto un trasfondo de verdad, pero no más que ello. La decadencia de las cualidades y de los factores que constituyen la grandeza de una raza no es —tal como él reputaba— el efecto de mezclas acontecidas entre esta raza y otras, no es el efecto de su decadencia étnica, biológica y demográfica: la verdad es más bien que una raza decae cuando su espíritu decae, cuando aquella íntima tensión, a la cual ella debiera su forma originaria y su tipo espiritual, viene a menos. Entonces una raza cambia o se corrompe porque se encuentra afectada en la más secreta raíz; entonces pierde aquella virtud invisible e indomable, transformadora, ante cuyo contacto, otras razas, lejos de contaminarla, asumen poco a poco la forma de su cultura y son arrastradas por ella como por una más vasta corriente.

Éste es el motivo por el cual el retorno a la raza para nosotros no puede significar tan sólo un retomo a la sangre, en particular en estos tiempos crepusculares, en los cuales se han cumplido mezclas sumamente irremediables. Debe significar un retomo al espíritu de la raza, no en sentido totémico, sino en sentido aristocrático, es decir en relación con el germen originario de nuestra "forma", de nuestra civilización.

Si nosotros afirmamos pues el retomo a la raza, y el retorno a la tradición, en el centro de esta idea se encuentra a su vez la idea del Jefe. En su solar individualidad los Jefes representan para nosotros las manifestaciones concretas y activas del espíritu como raza y de la raza como espíritu; son despertares de la misma idea primordial formativa, que duerme en la profundidad de la sangre, como el fundamento de la "forma" victoriosa sobre el *caos* y sobre la animalidad, llevada, de manera consciente o no, en potencia y en acto, por todos los miembros no degenerados de un grupo. Los Jefes restablecen aquella íntima tensión, despiertan los componentes "divinos" de una sangre transformada. De aquí la magia de una autoridad que no tiene nada de violento y de tiránico, sino más bien algo de regio; la magia de una acción "a través de la presencia", de un indomable "actuar sin actuar", de acuerdo a la expresión del extremo Oriente. De aquí tenemos la vía hacia el renacimiento. Las fuerzas múltiples de una estirpe, fatalmente encaminadas hacia la alteración y la disgregación, cuando se encuentren privadas del íntimo soporte y sean abandonadas al conjunto de las condiciones materiales, étnicas, y también políticas en sentido estricto, vuelven a hallar entonces un punto firme y viviente de unidad y participan de una realidad superior: del mismo modo que en un cuerpo animal cuando se le infunde la potencia de un alma.

Toda defensa de la raza y de la sangre que prescinda de esta instancia superior, que, a través de los símbolos de la "nación", del "pueblo" o del "grupo", evoque de cualquier modo la mezcla, la pura ley de la sangre y de la tierra, no significa otra cosa que un retomo al totemismo, una inclinación a recaer en formas sociales propias de una humanidad inferior.

Hacia ninguna otra condición en el fondo se dirige la nostalgia de las ideologías socialistas, democráticas y comunistas, y el fenómeno de los Soviets nos muestra justamente el efecto de una tal ideología que, siguiéndolo a Marx, dando vida al viejo colectivismo bárbaro, eslavo, llevándolo hacia una nueva forma racionalizada, ha hecho del mismo un amenazante foco de contagio para los residuos de una Europa tradicional.

Lejos de ser una tendencia hacia el futuro, todo esto no es más que —desde un punto de vista ideal— una tendencia hacia el pasado, hacia lo que ha sido superado en el acto de la formación de toda verdadera civilización tradicional y de todo imperio. Se circunde nomás con una aureola el ideal "socialista" y democrático-nacionalista, siempre queda el hecho de que — *mutatis mutandi*— halla su perfecto reflejo en las formas sociales de un tipo inferior antiariano y antinórdico; y si las corrientes que apuntan a estos ideales exigen la subordinación del sujeto y de toda superior posibilidad espiritual al derecho de la tierra y de la sangre, las mismas, en el fondo, enseñan una "moral" que no es diferente de la que podría tomar para sí una raza animal arribada a una esfera consciente.

Frente a nuestra verdad —repitámoslo una vez más — tales tendencias expresan la dirección de la involución y de la abdicación frente a la verdadera afirmación. Es aquello que se despierta en momentos de cansancio y de abandono, momentos de los cuales se aprovecha el elemento *caos* escondido en el elemento *cosmos;* es un fenómeno que aparece cuando una época no está más en grado de producir a seres superiores en los duales se determine, se concentre y se libere, en forma trascendente y solar, la plena tensión y tradición de una raza superior.

La idea aristocrática de una tradición de Jefes —no la democrática o "nacionalista" que se apoya en la mera comunidad de la sangre, del suelo y del nacimiento— debe ser fundamento y eje de toda doctrina de la raza justamente comprendida, de nuestra restauración.

Capítulo IV.

Las raíces del mal europeo

Hemos dicho que el mundo moderno ya ha arribado a un punto en el cual es inútil hacerse ilusiones sobre la eficacia de una reacción de cualquier tipo que no parta de un profundo cambio espiritual. Liberarse del mal que nos corroe no se puede si no es con una negación total, con un impulso espiritual que haga de nosotros verdaderamente unos seres nuevos, volviendo a abrimos la posibilidad de captar un mundo nuevo, de respirar una libertad nueva: ello aun si tuviese que derrumbarse todo aquello de lo cual el Occidente recaba su vano orgullo.

Con la conciencia de que nuestro mundo es un mundo en ruinas, debemos dirigimos nuevamente hacia aquellos valores que nos consientan reconocer en modo inequívoco la causa de una tal ruina.

La primera raíz de la decadencia europea es el "socialismo", la antijerarquía.

Las formas fundamentales desarrolladas por esta raíz son:

- La regresión de las castas.

- La insurgencia de la ciencia y de la filosofía positivas.

- La técnica y la ilusión de la potencia mecánica.

- El nuevo mito romántico y activista.

Éstas son las cuatro principales raíces de la decadencia europea, que nosotros ahora consideraremos una por una para luego puntualmente oponerles nuestros valores jerárquicos.

Así pues serán dados los rasgos fundamentales de otra concepción del mundo y de la vida que para nosotros debe valer como una fuerza secreta y como el alma de nuestra batalla.

La regresión de las castas. El oro y el trabajo.

Hemos ya hecho mención de la circunstancia de que, si en un modo totalmente genérico se tuviese que formular una ley que nos dé el "sentido de la historia", para los tiempos últimos no podríamos hablar de progreso, sino en todo caso de involución.

A tal respecto hay un proceso que se impone a la consideración de cada uno en el modo más objetivo y manifiesto: el proceso de la regresión de las castas. Como "sentido de la historia", a partir de la época prehistórica se tiene exactamente el descenso progresivo del poder de una a otra de las cuatro grandes castas —Casta "sola?' (regia-sacral), nobleza guerrera, burguesía (mercaderes) y siervos— a través de las cuales, en las civilizaciones tradicionales, y particularmente en la India ariana, la diferenciación cualitativa de las posibilidades humanas halló su reflejo.

En un primer momento asistimos en efecto al ocaso de la época de la divinidad regia. Los jefes, que son seres "divinos", los jefes que reúnen completamente en sí los dos poderes, la autoridad regia y la pontifical, pertenecen a un remoto y casi mítico pasado. A través de una progresiva alteración de la fuerza nórdico-aria, formadora de la civilización, se ha cumplido esta primera quiebra. En el ideal germánico del Sacro Romano

Imperio nosotros hemos ya reconocido el último eco de esta tradición, de este nivel "solar".

Desaparecido el ápice, la autoridad pasa al nivel inmediatamente inferior: estamos en la casta de los guerreros. Se trata de monarcas que ahora son simplemente unos jefes militares, unos señores de justicia temporal, soberanos absolutos políticos. Subsiste a veces la fórmula del "derecho divino", pero como una mera reminiscencia vacía. Detrás de instituciones que sólo formalmente conservaban los rasgos de la antigua constitución aristocrático-sacral, muchas veces ya en la antigüedad no se tuvieron más que soberanos de este tipo. En cada caso, luego de la caída de la unidad ecuménica medieval, este fenómeno se manifiesta en modo decisivo y definitivo.

Segundo derrumbe: la aristocracia decae, la caballería se extingue, las grandes monarquías europeas se "nacionalizan" y colapsan. A través de revoluciones y de "constituciones", cuando no son simplemente suplantadas por regímenes de tipo diferente (república, federación), se transforman en una vacía supervivencia, sujeta a la "voluntad" de la "nación". En las democracias parlamentarias, republicanas o nacionales, la constitución de las oligarquías capitalistas expresa el fatal pasaje de la autoridad y de la potencia de la segunda al equivalente moderno de la tercera casta: del guerrero al mercader. En lugar de los principios viriles de la fidelidad y del honor penetra ahora la doctrina del "contrato social". El vínculo social es ahora utilitario y económico: es el contrato sobre la base de la convivencia y del interés de los sujetos. De este modo tal vínculo pasa necesariamente de lo personal a lo impersonal. El oro actúa como trámite para ello, y aquel que se adueña de éste y lo sabe multiplicar (capitalismo, industrialismo) arriba virtualmente también a la toma del poder. La aristocracia cede el lugar a la plutocracia; el guerrero al banquero, al usurero y al industrial. El tráfico con la moneda y con el interés, antes confinado en el gueto, se convierte en la gloria y el ápice de la época última. La fuerza escondida del socialismo, de la antijerarquía, comienza aquí a revelar visiblemente su poderío.

La crisis de la sociedad burguesa, la revuelta proletaria en contra del capitalismo, el manifiesto de la "Tercera Internacional" y la correlativa y lenta sublevación y organización de los grupos y de las masas en formas puramente colectivas y mecanizadas — en los marcos de una nueva "civilización del trabajo"— nos indican finalmente el tercer derrumbe, por el cual la autoridad tiende a pasar al nivel de la última de las castas tradicionales, .a la del esclavo de trabajo y del hombre-masa: con la consiguiente reducción de todo horizonte y valor al plano de la materia y del número.

Si la espiritualidad extrahumana y la "gloria" caracterizaron al período "solar", el heroísmo, la fidelidad y el honor al de los guerreros, el oro al de los traficantes y de los mercaderes, ahora con el advenimiento de los siervos debería aparecer la exaltación justamente del principio de los esclavos: el trabajo, el que es elevado a la categoría de una religión. Y el odio del esclavo arriba a proclamar con sadismo: "El que no trabaja, no come", y su estupidez al glorificarse forma inciensos sacrales con las exhalaciones del sudor humano: "El trabajo ennoblece al hombre", "El trabajo es grandeza", "El trabajo es un deber ético". Así pues se baja sobre el cadáver la piedra sepulcral, y el ciclo de la involución parece cumplirse de manera definitiva.

Ningún otro ideal ofrece el futuro a los sacerdotes del "progreso". Por hoy todavía dura la lucha entre el omnipotente señor del oro, y la revuelta del esclavo; y aquella "civilización", de la cual los contemporáneos se encuentran tan orgullosos, se sostiene sobre un engranaje monstruoso, movido por fuerzas brutas e impersonales: el oro, el capital y la máquina.

Los vínculos de dependencia, lejos de debilitarse, se han consolidado. Pero junto a la fuerza no procede más la autoridad, junto a la obediencia no se encuentra más el reconocimiento, junto al grado no está más la superioridad. El señor no es más tal porque es señor, sino porque es uno que tiene más dinero, porque es uno que, aun no viendo para nada más allá del pequeño horizonte de una vida humana cualquiera, domina las condiciones materiales de la vida; a través de las cuales le es también posible subyugar o impedir destacarse a quien tenga un aliento infinitamente más vasto que el suyo; henos pues con la posibilidad del más infame engaño y de la más dura esclavitud. Al despersonalizarse y mecanizarse, la potencia y el lazo de dependencia se han convertido en capital y máquina. Y así no es para nada una paradoja que tan sólo hoy en día pueda hablarse seriamente de una esclavitud verdadera. Puede hablarse de ello dentro de la organización económico-mecánica occidental, a través de aquella dirección de embrutecimiento, de la cual la "América libre" nos está dando el mejor ejemplo.

Y quizás, luego de un breve ciclo de generaciones, debida y científicamente educadas en las normas del "servicio social", el sentido de la individualidad será borrado del todo, y con el mismo, el último residuo de conciencia necesario para saber por lo menos que se es esclavos. Y sobrevendrá posiblemente aquel estado de renovada inocencia que se diferencia de el del Edén mítico por el hecho de que el trabajo entonces reinará allí como ley universal y como único fin de la existencia, tal cómo lo describía Chigalew en "Los poseídos" de Dostojewsky: es pues el ideal de los Soviets.

Se tratará entonces de una dependencia, pero sin Jefes, de una organización indiferente con respecto a cualquier exigencia cualitativa: tal será el ideal "social", impersonal, compuesto de mera cantidad, de dinero, y realizado por la pura fuerza bruta.

Lo hemos dicho: sin más Jefes. No nos ilusionemos en efecto. Repetimos que la raza de los Señores, si es que no ha ya desaparecido, tiende a ello; y todo procede en un *crescendo* de nivelación que se precipita hacia la vida más material y sin rostro. Las denominadas clases "superiores" o "dirigentes" de hoy en día no son tales sino por ironía: los grandes jefes de la organización financiera mundial, así como los técnicos, los industriales, los funcionarios, etc., no representan nada más que a aquellos libertos, a quienes los señores de otro tiempo delegaban el control de los siervos y la administración de sus bienes. ¡Un mismo yugo los mancomuna a la inmensa y ciega turba automatizada de los obreros y de los empleados, y por encima de ella no tienen respiro esclavos y libertos directores de esclavos —y, por encima: nadie—:ésta es la terrible verdad de los "civilizados"!

Y puesto que interiormente mucho más estrecha, dependiente y pobre es la jornada sin tregua, afiebrada, saturada de responsabilidad de los señores del oro y de la máquina, que la jornada de un humilde artesano, de la misma manera lo es la de las clases "superiores" a las cuales el oro no les sirve sino para multiplicar morbosamente su sed de "distracción", de lujo, de voluptuosidad o de ganancia ulterior.

No existe el menor rastro de Señores en todo esto. Yen su ausencia, no hay ningún sentido en toda esta pseudo-organización. Si se pregunta por un por qué, por una justificación a los millones de seres recluidos entre las máquinas y los oficios —más allá de la efímera ebriedad con la cual éstos buscan imitar la "señorilidad" de las "clases superiores"— no se tendrá ninguna respuesta. Pero si nos elevamos en la escala y se lo preguntamos a los "jefes de la economía", a los inventores, a los señores del acero, del carbón, del petróleo, de los pueblos (ocaso no se ve hoy en día cómo el problema político tiende a reducirse al económico?), del oro, nuevamente no hallamos ninguna respuesta. Los medios para la vida han dominado hoy en día a la vida, más aun, la han reducido a ser un simple medio de éstos. Y así pues la gran oscuridad invade las luces de las ilusiones soberbias del orgullo occidental; una oscuridad que se expresa en un mito nuevísimo y monstruoso: el del trabajo por el trabajo, del trabajo como fin en sí mismo, como valor en sí mismo y como deber universal.

La infinidad de los hombres sobre la tierra desierta de luz, reducidos a pura cantidad—solamente a cantidad— convertidos en iguala en la identidad material de partes dependientes de un mecanismo abandonado a sí mismo, lanzado en el vacío sin nadie que pueda más nada: he aquí cuál es la perspectiva que se encuentra en el fondo de la dirección económico-industrialista que da el tono a todo el Occidente.

Y aquel que siente que ésta es la muerte de la vida y el advenimiento de la bruta ley de la materia, el triunfo de un destino mucho más espantoso en tanto que no tiene más persona, siente también que no hay más que un remedio: partir el yugo del oro, superar el fetiche de la socialidad y la ley de la interdependencia, restaurar los valores aristocráticos, los valores de calidad, de diferencia y de heroísmo, aquel sentido de la realidad metafísica al cual hoy todo se le contrapone y que nosotros por lo tanto afirmamos en contra de todo.

Y por lo tanto, si todo es comprendido como una rebelión en contra de la tiranía económica, en contra del estado de cosas en el cual no el individuo, sino la cantidad de oro es la que manda, en la cual la preocupación por las condiciones materiales de la existencia corroe a toda la existencia; si es comprendido como la búsqueda de un equilibrio económico, sobre la base del cual tengan manera de liberarse y de desarrollarse formas de vida ya no más reductibles al plano material, si es comprendido desde tal perspectiva, pero tan sólo desde ésta, entonces podremos reconocer incluso a ciertas corrientes extremistas una función necesaria y un porvenir.

La causa mayor de una falta de una diferenciación cualitativa en la vida moderna depende justamente del hecho de que la vida moderna es tal de no dejar más margen a un género de actividad que no se valore en términos de utilidad práctica y de socialidad. El prejuicio económico crea la nivelación; imponiéndose, convierte a todos en iguales, en tanto que las diferencias en función del oro y de las jerarquía mecánico-económicas no son diferencias: las mismas se relacionan con un nivel único, con una cualidad única; más allá de este nivel, tomado en la totalidad de todas sus posibles diferenciaciones, sería necesario que existieran otros niveles, que en vez hoy no existen: independientes del primero y a los cuales el primero debería estar subordinado, y no viceversa, como es lo que sucede hoy en día en las sociedades contemporáneas.

Es por esto que cuando la hipertrofia de un tal mal, a través de monstruosos *trusts* bancario-industriales, se arroga el título de "imperialismo", nosotros, no sabiendo llorar, no podemos sino reír. Y contraponer fríamente la idea de que una revolución radical en contra del oro, del capital, de la máquina, del interés y del mito del trabajo, es el presupuesto imprescindible del verdadero *Imperium.* Pasando a la instancia que en el fondo serpentea en todas las ideologías revolucionarias cual síntoma de rebelión en contra de la esclavitud moderna, nosotros sin embargo la trascendemos, constatando que ella misma se encuentra invadida del mismo mal. Ella misma no ve sino problemas económicos y sociales, no reclamada liberación respecto del yugo económico en nombre de valores diferentes, meta-económicos y metafísicos —no para que fuerzas, desvinculadas del sello económico, puedan trabajar en profundidad— sino en vez tan sólo en función de un ordenamiento igualitario y aun "más socialista", reputado como mejor, del mismo problema económico ordenado por las necesidades puramente materiales y utilitarias de las masas. De allí que en tales tendencias exista una desconfianza, una insufribilidad y casi un larvado resentimiento, no digamos por lo espiritual, sino ya por el mismo "intelectual", reputado como un "lujo": más allá del equilibrio económico, las mismas no tienen un ojo para diferencias no económicas. Ellas no las ven ni las quieren, con el mismo espíritu de intolerancia plebeya e igualitaria de esclavos en rebeldía que ya se revelara en la caída de la antigua romanidad.

En conclusión, con dos armas es necesario luchar en contra de esta primera raíz del mal europeo. Sobre la primera no es necesario insistir y detenerse todavía: consiste en crear una *élite,* en escarbar profunda y duramente diferencias, intereses, cualidades nuevas en la indiferenciada sustancia de los individuos de hoy en día, de modo tal que se vuelva a despertar una aristocracia, una raza de señores y de dominadores. Sobre todo esto.

En segundo lugar, es necesario un impulso, una rebelión desde lo profundo que mueva de sus bisagras a la máquina, a la dependencia extrínseca, inorgánica, automática y violenta; que parta el yugo económico-capitalista; que se mofe del trabajo impuesto como ley universal y fin en sí mismo; que nos libere en suma, que abra la ventana al aire y a la luz. Y que esta libertad se logre no por violencia, no por el dominio de las necesidades y los juegos de las pasiones, intereses y ambiciones, sino por un reconocimiento espontáneo —dado por el sentido de valores y de fuerzas trascendentes, por fidelidad hacia nuestro propio modo de ser, cualquiera éste sea, por conciencia de naturaleza, de dignidad y de cualidad—reconstituir la jerarquía. Una jerarquía orgánica, directa, efectiva: siendo en esto, más libre y más férrea que cualquier otra.

¿Cómo no reconocer entonces que la realidad del pasado es también un mito profético para un porvenir mejor? El retorno al sistema de las castas es el retorno a un sistema de verdad, de justicia y de "forma" en sentido superior.

En la casta se tiene el ideal de una comunidad de actividad, de profesión, de sangre, de herencia, de leyes, de deberes y de derechos, que corresponden más precisamente a preestablecidos y típicos modos de ser, a manifestaciones orgánicas de naturalezas congenialmente refinadas; en el mismo se encuentra como presupuesto justamente la voluntad de ser aquello que se es, la voluntad de realizar la propia naturaleza y el propio destino como cualidad, poniendo a callar las veleidades individualistas y arribistas, principios éstos de todo desorden y desorganización; en esto se encuentra la superación de la uniformidad cuantitativa, de la centralización, de la standardización, en esto se encuentra la base para una jerarquía social que inmediatamente refleje una jerarquía de modos de ser, de valores y de cualidades y que se eleve ordenada según grados, de lo material a lo espiritual, de lo informe a lo formado, de lo colectivo a lo universal y a lo supraindividual.

La antigua India nos muestra en la manera más perfecta este ideal que, en manera diferente, se encuentra también en otras civilizaciones, hasta la de nuestro Medioevo nórdico-romano.

Y otro no puede ser nuestro punto de referencia.

Como substrato se encuentra la operosidad sana de la clase inferior *(çudra),* no más anarquizada por las ideologías demagógicas, dirigida por los expertos del intercambio, del tráfico, de una organización económico-industrial simplificada en razón de necesidades simplificadas *(vaishya):* más allá de los *vaishya,* los *kshatriya,* la nobleza guerrera, que en la guerra reconoce el valor y el fin, en el heroísmo, en la gloria y en el triunfo por el cual puede arder la superior justificación de todo un pueblo; más allá de los *kshatriya,* los *brahmána,* la raza solar del espíritu y de la Sabiduría, de aquellos que "ven" *(rshi)* y que "pueden" y que testimonian a través de su vida que nosotros somos de esta tierra oscura, pero que nuestras raíces vitales se pierden en lo alto, en el esplendor de los "cielos". Como culminación de todo, como mito y límite, el ideal del *Cakravartl,* el "Rey del Mundo", el Emperador invisible, cuya fuerza es oculta, todopoderosa e incondicionada.

Ciencia contra Sabiduría

Así como la potencia, al despersonalizarse y socializarse, se ha convertido en oro, en capital, de la misma manera la sabiduría, al despersonalizarse y socializarse, se ha convertido en "concepto" y en "racionalidad". Y ésta es la segunda raíz del mal europeo.

Tanto la filosofía como la ciencia positiva occidental son, en su esencia, fundamentalmente socialistas, democráticas, antijerárquicas. Las mismas proponen como "verdadero" aquello que debe ser universalmente reconocido, aquello ante lo cual cualquiera, no importando la vida en la cual se deja vivir, con tal de que tenga sólo una cierta instrucción, puede aceptar. Y así, de la misma manera que en el criterio de "mayoría" del democratismo político, las mismas presuponen la igualdad y dominan bajo el criterio de cantidad sobre todo lo que en este ámbito podría ser calidad, irreductibilidad de calidad, privilegio de calidad.

Y no tiene valor alguno proclamar doctrinas individualistas o también relativistas, cuando ya en el modo de proclamarlas, que es el modo conceptual de la filosofía profana, se demuestre haber adherido a dichos presupuestos democráticos, impersonales y colectivistas, que yacen en la base de aquella filosofía misma. La vía es sin embargo otra. Aquellos mismos presupuestos deberían en primer término ser refutados si no se quiere cometer el mismo absurdo de un imperialismo que, en lugar de imponerse por aquella jerarquía desde lo alto, de la cual se ha hablado, invocara la propia justificación al reconocimiento popular. Y aquí comenzaremos a damos cuenta con cuál enemigo tenemos que luchar, en qué manera espantosamente la misma "cultura", no sólo la "sociedad" de los contemporáneos sea un democratismo en acto y cuál tipo de renuncia éstos deban solicitarse a sí mismos para reconquistar la salud.

Así como el oro es una realidad que se ha convertido en indiferente respecto de la cualidad de los individuos que lo poseen, de la misma manera sucede con el "saber" de los hombres contemporáneos. Digamos mejor: en tanto obediente a una voluntad de igualdad, a una insufribilidad antijerárquica, y, por lo tanto, a una preocupación socialista, el saber de los Europeos ha tenido que volcarse necesariamente hacia alguna cosa sobre la cual la eficiencia de las diferencias individuales y de la condición —para saber— de una activa diferenciación individual, sea reducida a un mínimo. Así pues ésta se refirió o a la experiencia física, igual aproximadamente para todos los hombres en cuanto son animales (ciencia positiva), o al mundo de la abstracción y de las convenciones verbales (filosofía y racionalismo).

La exigencia de la socialización del saber ha conducido fatalmente a su abstracción, del mismo modo que ha creado un hiato insuperable entre el saber mismo y la vida, entre el conocer y el ser además que con aquello que puede ser cualidad de los fenómenos y "realidad metafísica". Es así como en el Occidente el pensamiento, cuando no se reduce a un instrumento para describir en mayor o menor medida convencional el aspecto más exterior, general-cuantitativo y uniforme de las cosas materiales, no es sino un creador de irrealidades, de palabras "reificadas", de vacíos esquematismos lógicos, cuando también no se resuelva en un deporte intelectual tanto más ridículo, por cuanto más hecho en buena fe.

De aquí toda la irrealidad del espíritu moderno: escindido de la vida, el hombre hoy es casi una sombra que se agita entre esquemas, programas y superestructuras intelectuales impotentes para dominar la realidad y la vida misma, mientras que se hace siempre más dependiente de una ciencia que agrega abstracciones a abstracciones, esclava como es de leyes fenoménicas constatadas por ella pero nunca comprendidas, y que se agotan todas en una exterioridad mecánica, sin que una cualquiera de las posibilidades vinculadas tenga a su vez valor de posibilidad para el' ser interior del hombre.

Por los límites propios de este trabajo nosotros no podemos aquí por cierto ir hasta el fondo de la cuestión. Sin embargo no se crea que la misma sea extraña al problema del imperio: tal como nosotros lo formulamos, el problema del imperio es el problema *par excellence,* con respecto al cual no es posible que problemas particulares puedan separarse y constituir un dominio en sí mismo. El particularismo, la indiferencia recíproca de las varias formas de la actividad humana —aquí la política, allá la ciencia, aquí la práctica, allá la religión y así sucesivamente— son otro aspecto ya resaltado de la decadencia europea y un síntoma inequívoco de su inorganicidad.

Sobre el saber se deben apoyar las bisagras de la jerarquía imperial: "deben gobernar los que saben", esto ya fue dicho por Platón y representa el punto central, absoluto y definitivo en cualquier orden racional de cosas. Pero nada sería más ridículo que identificar un tal saber con cualquiera de las competencias técnicas, ciencias positivas o especulación filosófica: coincidiendo en vez el mismo con aquello que al comienzo, con una expresión tradicional usada sea por el Occidente clásico como por el Oriente, hemos denominado Sabiduría. Y la Sabiduría es algo tan aristocrático, individual, efectivo, sustancial, orgánico, cualitativo, del mismo modo que en cambio el saber de los "civilizados" es democrático, social, universalista, abstracto, nivelador y cuantitativo. Y aquí, nuevamente, hay dos mundos, dos ojos, dos concepciones diferentes a ser formuladas la una frente a la otra, sin ningún tipo de atenuaciones.

Conocer, según la Sabiduría, no quiere decir "pensar", sino ser la cosa conocida: vivirla, realizarla interiormente. No conoce realmente una cosa el que no pueda transformar activamente su conciencia en la misma. Y sin embargo tan sólo lo que resulta de una experiencia directa o individual, sólo ello valdrá como conocimiento. Y en oposición a la mentalidad moderna, la cual a aquello que acontece de manera inmediata en el individuo singular lo denomina "fenómeno", apariencia "subjetiva", y pone detrás alguna otra cosa que es simplemente pensada o supuesta (la "cosa en sí" de los filósofos, el "Absoluto" de la religión profana, la "materia", el "éter" o la "energía" de la ciencia) como la "realidad verdadera", la Sabiduría es en cambio un positivismo absoluto que denomina real a aquello que se puede captar en una relación de directa experiencia e irreal, abstracto, ilusorio a todo lo demás.

Se objetará que desde este punto de vista, todo el saber se reduciría a las cosas finitas y contingentes dadas por los sentidos físicos; y de hecho así se encuentran las cosas y así deben estar para la gran masa de los hombres, la cual tan sólo de esta finitud y contingencia —que permanece tal también luego de todas las pseudo-explicaciones científicas— puede decir de saber efectivamente. Pero además de esto nosotros sostenemos la posibilidad de formas de experiencia diferentes de la sensible del hombre común, no "dadas", ni tampoco "normales", si bien posibles de alcanzar a través de ciertos procesos activos de transformación interior. Lo propio de tales experiencias trascendentes (de las cuales el "supramundo", el "ámbito de los seres", los siete cielos, las esferas de fuego, etc. de la humanidad vinculada a la Tradición fueron tan sólo diferentes representaciones) es el de ser directas, concretas e individuales cuanto la experiencia sensible misma, y sin embargo capaces de captar la realidad afuera del plano contingente, espacio-temporal, propio de todo lo que es sensible; aspecto que también la ciencia intenta superar, pero a condición de trascender también todo lo que es verdaderamente saber —visión, evidencia individual y viviente— en meras probabilidades, en "uniformidades" incomprensibles, en abstractos principios explicativos.

Éste sería el sentido con el cual hablamos de realidad "metafísica". Se mantenga firme en cualquier caso la idea de que queremos tener que ver con la experiencia y sólo con experiencia; que no hay desde el punto de vista tradicional una realidad finita y una realidad absoluta, sino un modo finito y un modo absoluto de experimentar la realidad, un ojo finito y un ojo absoluto; que todo el denominado "problema del conocimiento" se encuentra encerrado en la interioridad de cada ser, no depende de la "cultura", sino de su capacidad de liberarse de lo humano, por ende sea de lo sensible como de lo racional y emocional e identificarse a ésta o a aquella forma de experiencia "metafísica", a lo largo de una jerarquía que procede hasta culminar en un estado de identidad perfecta, de visión espiritual, de plena actuación, suprasensible, supraracional de una cosa en el Yo y del Yo en la cosa, que realiza un estado de potencia y, simultáneamente un estado de absoluta evidencia con respecto a la cosa misma, dado el cual no se pide más nada y se constata como superflua cualquier actividad racional, tanto más que cualquier hablar.

Tal es, en escuetas palabras, el sentido de aquella Sabiduría que constituye la bisagra de la enseñanza "metafísica" y de la ciencia espiritual tradicional (cuyo rito de la iniciación operaba originariamente justamente la transformación de la conciencia necesaria para el "saber" y el "ver" metafísico) y cuya tradición, aun por venas subterráneas, se ha conservado en el Occidente aun luego de la judaización y la decadencia de su antigua civilización.

El punto que debe tenerse presente es que la ciencia sagrada y sapiencial, al no ser como la profana un "conocer", sino un ser, la misma no puede ser enseñada por libros o universidades y transmitida en palabras: para conquistarla, es necesario transformarse, trascender la vida común en una vida superior. Ella mide exactamente la cualidad y la realidad de la vida individual, de la cual se convierte en privilegio inviolable y parte orgánica, en lugar de ser el concepto y la noción que se puede hacer entrar en la cabeza como una cosa en una bolsa, sin que contemporáneamente por ello uno tenga que transformarse o modificarse.

De aquí la natural aristocracia de la Sabiduría; de aquí su decidida no-vulgaridad, no-comunicabilidad. Otro *tabú* de los europeos es justamente la comunicabilidad: ellos reputan al respecto que el ser inteligible y el ser hablante sean la misma cosa. No se dan cuenta de que si ello puede tener sentido en lo referente a abstracciones intelectuales y a convenciones sobre la base de experiencias —las que son propias de los sentidos físicos—supuestas iguales aproximadamente para todos, allí donde cesa tal uniformidad, allí donde se reafirma una diferenciación cualitativa, la comunicabilidad discursiva no puede ser más un criterio.

Fundándose precisamente en la evidencia de experiencias en acto, más allá de todo aquello que es experiencia de los hombres comunes, la Sabiduría deja abierta sólo una vía: intentar conducirse, por medio de un acto libre y creativo, al mismo nivel de aquel que expone la enseñanza, en modo de saber por experiencia lo que el otro sabe o dice con una palabra que de otra manera quedará tan sólo palabra. A la socialización, despersonalización y conceptualización del saber, a la inclinación democrática a "vulgarizar", a despotenciar lo superior para ser usado por el inferior para que la mayoría pueda participar sin moverse o cesar de ser inferior, nosotros oponemos intransigentemente la actitud contraria, aristocrática: deben existir jerarquías en el mismo saber; deben existir muchas verdades separadas entre sí por surcos profundos, vastos, insuperables, correspondientes exactamente a muchas cualidades de vida y de potencia, a muchas diferentes individualidades; debe existir una aristocracia del saber, y la "universalidad", comunicativamente, democrática y uniformísticamente comprendida, debe dejar de ser un criterio. Nosotros debemos descender hasta ellos, pero ellos están obligados a elevarse hasta nosotros dignificándose, ascendiendo seriamente —de acuerdo a sus posibilidades, a través de la jerarquía de los seres— si quieren participar de las formas superiores y metafísicas, criterios en sí mismos y en las inferiores y físicas.

De aquí es que resulta también la "libertad", el campo abierto, el respiro que deja la Sabiduría. En el saber socializado hay en vez y siempre un escondido "tú debes"; existe siempre una escondida e intolerante imposición moralista; aquello que es verdad "científica" o "filosófica" debe, en cuanto verdad, ser reconocida por todos; ante ésta no nos está permitido actuar en manera diferente. En tanto expresión de un despotismo colectivo ésta quiere reinar despóticamente sobre todos los individuos convirtiéndolos a todos en iguales con respecto a ella; y justamente sobre la base de una tal voluntad la misma se ha organizado, ha construido sus armas, sus pruebas, su método, su violencia. En la Sabiduría, por el contrario, el individuo se encuentra disuelto, reintegrado, restituido a sí mismo, tiene su verdad, la que expresa exacta y profundamente su vida, que es un modo particular de experimentar y de expresar la realidad, el cual no contradice o excluye a otros modos diferentes, que son igualmente posibles en la diferenciación sobre la cual se basa la jerarquía de la Sabiduría.

Y esto baste para lo que se refiere a la segunda raíz del mal europeo y a su correctivo; justificándose así por esta sola cuestión el principio de que "deben gobernar los que saben". En el orden de la Sabiduría la jerarquía del saber es coextensiva a la jerarquía de la fuerza y de la superioridad de los individuos, El saber es ser, y el ser es poder, en cualquier sentido, por lo que atrae espontáneamente hacia sí la dignidad del *imperium.* No otro fue el verdadero fundamento del concepto originario radicado en la Tradición de "realeza divina".

Frente a esto repitámoslo, existe una Europa toda con una herencia y una organización pluriseculares: existe a su vez el reino de los profesores, de los "intelectuales", de los anteojos sin ojos, el mundo universitario "culto", académico, que al arrogarse el privilegio del saber y del espíritu testimonia tan sólo hasta cuál grado han podido desarrollarse la decadencia y la abstracción del hombre moderno.

Los que saben y los que creen

Pero existe una usurpación aun mayor: la que cumple la religión —en el sentido más restringido y más nuevo del término— al querer acapararse el dominio y la competencia de lo "sagrado" y de lo "divino".

Sagrado y divino son materia de fe: ésta es la verdad que se ha impuesto en la Europa de los tiempos últimos. Nuestra verdad es en cambio otra: mejor saber que no se sabe antes que creer.

En la mentalidad contemporánea hay un punto central en el cual la actitud de la ciencia materialista y la de la religión se encuentran: en una idéntica renuncia, en un idéntico pesimismo, en un idéntico agnosticismo acerca de lo espiritual, declarado y metódico en un caso y enmascarado en el otro.

El presupuesto de la ciencia materialista es en efecto que ciencia —en el sentido de conocimiento efectivo, positivo y experimental— sólo puede haber respecto de lo que es físico; y que de aquello que no es físico no puede haber ciencia, de modo tal que el método científico se desinteresa de ello y lo abandona por incompetencia a la creencia, a la abstracción apagada y arbitraria de la filosofía, o bien a las "exigencias" del sentimiento y de la moral.

Por otro lado la religión, en cuanto se concentra exclusivamente sobre la fe y no admite una enseñanza esotérico-iniciática más allá de la religión profana expuesta a la masa, una gnosis más allá de la superstición devota, cumple la misma renuncia. En efecto, no se cree sino allí donde no se sabe y se reputa de no poder saber. Por lo cual se reencuentra el mismo agnosticismo de los "positivistas" en lo relativo a todo lo que no es tosca realidad material.

Nosotros, por el contrario, fundándonos en una tradición mucho más antigua de la que en cambio pueda reivindicar la "fe" del hombre occidental, y testimoniada no por doctrina, sino por hechos y obras de potencia y de videncia, nosotros afirmamos en vez la posibilidad y la realidad efectiva de aquello que hemos denominado Sabiduría. Es decir, afirmamos que es posible un conocimiento también positivo, directo, metódico, experimental, en el campo "metafísico", como el que la ciencia se esfuerza por conquistar en el campo físico y que, como éste, se encuentra por encima de cualquier creencia, moral o filosofía de los hombres.

Sostenemos por lo tanto que, en nombre de esta Sabiduría y de quien pueda dar testimonio de la misma, deben ser desautorizados y desplazados todos aquellos que, en el ámbito de las supersticiones religiosas, a través de dogmas, de tradiciones en el sentido más estrecho y sectario, alucinaciones y actos de ciega fe, se convierten en los custodios de lo sagrado y de lo divino. En lugar de los que "creen" —ciegos conductores de ciegos— deben ponerse aquellos que saben y que, en cuanto saben, pueden y son, cuales hombres-dioses conocidos y venerados por todas las grandes tradiciones antiguas.

Por todo ello aparece claro que detenernos en lo que en el campo cognoscitivo es la antieuropa y la antidemocracia, con respecto de lo que es Sabiduría en el orden de esta misma obra representa una cosa totalmente distinta de una desviación superflua. Sin la referencia a la misma la identificación que nosotros sostenemos, de los dos poderes, sagrado y temporal, en una jerarquía única intensamente individualizada, no podría ser justificada ni comprendida y serían posibles en vez los malos entendidos más siniestros.

Pero, comprendido ahora aquello de lo que se trata, se vuelve a confirmar y a reforzar nuestra declaración, que nosotros, imperialistas intransigentes, no sabemos qué hacer con una jerarquía religiosa (en oposición a la gnóstica e iniciática). A una organización material a la cual eventualmente ésta se le agregara, la misma en verdad no aportaría nada: la misma agregaría tan sólo un vacío contorno de formas vacías, el fantaseo de la fe y del sentimiento, el embrutecimiento en dogmas contradictorios y en símbolos y ritos que no son suyos y de los cuales ha perdido el sentido; en suma, la misma no daría aquella superior, solar, y testimoniada en potencia, realidad que nosotros paganamente comprendemos como espíritu, sino en vez una absoluta irrealidad, una retórica antiariana y antiromana que se expresa en el mismo ámbito ético, favoreciendo todo aquello que de femenino, de "romántico" y de fuga del mundo se ha anidado en el alma occidental.

Es necesaria una superación sea del irrealismo religioso como del. realismo materializado, a través de un positivismo trascendente, viril y olímpico.

Fuerza mecánica y potencia individual

La tercera de las ilusiones europeas es la potencia mecánica que procede de las aplicaciones tecnológicas de la ciencia profana: en la cual, de manera universalmente concordante, se cree en vez ver el legítimo orgullo, el triunfo de la civilización occidental.

Por lo que se refiere al democratismo que se encuentra en la base del ideal de la "universalidad" de la ciencia de Occidente, si en su exigencia socialista e igualitaria se vuelve a encontrar el espíritu general de la nueva doctrina judeocristiana, debemos sin embargo reconocer también antecedentes ya en el método socrático y en algunos aspectos del sucesivo intelectualismo griego. Sin embargo, asociándonos a este orden de ideas con Nietzsche, nosotros podemos reputar todo esto como una anticipación y un preludio del espíritu judeo-cristiano, en la medida que es justamente en tal espíritu que vemos manifestarse en la manera más arrolladora, concreta e inequívoca la instancia universalista e igualitaria. La cultura griega refleja en vez sumamente más un concepto aristocrático del saber y los temas principales de su especulación fueron tratados justamente por las tradiciones de la Sabiduría. La doctrina según la cual el saber efectivo se encuentra condicionado por un proceso real de "purificación" y de transformación de sí, presidido por una iniciativa individual activa o por la potencia tradicional de un "rito", y tal saber no es un hecho puramente mental y tanto menos —pasando a otro aspecto— materia de fe y de sentimiento, queda como un tema fundamental del mundo clásico, hasta el neoplatonismo. En cambio, en la actitud pasiva de los secuaces de la nueva doctrina, en su intolerancia por cualquier método y por una disciplina autónoma del individuo como vía hacia una "gnosis", hacia una experiencia espiritual efectiva —intolerancia escondida, pero sin embargo presente bajo las diferentes creencias sobre la "revelación", sobre la "gracia" y sobre el aspecto pecaminoso que asume toda iniciativa directa y precisa apoyada sobre las solas fuerzas del hombre— en todo esto se encuentran suficientes temas de abandono que, unidos al *pathos* democrático e igualitario, pueden dar suficiente cuenta de la eficiencia del cristianismo mismo en lo relativo al carácter social, vulgarizado, inorgánico e impersonal del saber moderno.

Pero, más allá del malvado universalismo, en la ciencia moderna en particular hay otro punto-base que procede del cristianismo. Y queremos referirnos a su presupuesto dualista. En la ciencia moderna la naturaleza, en efecto, es pensada como una cosa ajena, como un "otro" inanimado, exterior, completamente escindido del hombre; la misma es asumida —o se piensa asumirla— como una realidad en sí, independiente del todo de quien la conoce y, más todavía, del mundo espiritual de quien la conoce.

Ahora bien, en todo esto trasunta el tema que es propio de la actitud religiosa irrealista opuesta a la imagen pagano-aria del mundo. Se trata del tema de la oposición del espíritu a la realidad, es decir, el tema dualista: subjetividad del espíritu contra objetividad de la naturaleza; por ende, el tema de la pérdida del sentido de aquello que significa justamente objetividad espiritual. Una vez que se arriba a este punto, la realidad natural se convierte en extraña, muda, sin alma, exterior, material. Y justamente en cuanto tal constituyó el objeto de una nueva ciencia, de la ciencia profana occidental.

Más allá de no agotarse en un naturalismo -tal como hoy sólo la ignorancia o la falsificación tendenciosa de algunos puede presentarla-más allá del conocimiento de los ideales de la superación viril y de la liberación absoluta, en la concepción pagana el mundo era un cuerpo viviente, compenetrado por fuerzas secretas, divinas y demónicas, por significados y por símbolos, de acuerdo al dicho de Olimpiodoro: era la "expresión sensible de lo invisible". El hombre vivía en conexión orgánica y esencial con las fuerzas del mundo y del supramundo, de modo tal de poder decir, con la expresión hermética, que era "un todo en el todo, compuesto de todas las potencias": no otro es el sentido que trasunta de la doctrina ario-aristocrática del *átmá.* Y esta concepción fue la base sobre la cual se desarrolló, como un todo en su manera perfecta, el *corpus* de las ciencias sagradas tradicionales.

El cristianismo infringió esta síntesis, creó un abismo trágico. Y así, por un lado el espíritu se convirtió en el "más allá", lo irreal, lo subjetivo; de allí la raíz primera del abstractismo europeo; por otro, la naturaleza se convirtió en materia, exterioridad encerrada en sí misma, fenómeno enigmático. De allí la actitud que tenía que dar lugar a la ciencia profana [No se nos acuse de unilateralidad y de partidismo al indicarnos los diferentes dualismos conocidos también por el antiguo mundo pagano y oriental. Estos dualismos tienen un carácter distinto del cristiano. También Platón conocía "lo otro" —pero este "otro" era considerado como un no-ser, como algo inasible e ilusorio, no como una realidad en sí —y la idea de la materia no fue conocida por los griegos, salvo por el estoicismo tardío. La *maya* oriental, más que un dualismo, indica un sentido tal de la presencia del espíritu en las cosas, de hacer sentir el aspecto sensible de éstas como un velo de apariencia engañadora. Las doctrinas iranias conocían, es cierto, dos fuerzas cósmicas en lucha, pero era justamente por esto que se encontraban en el mismo plano y se dirigían hacia una síntesis dada por el predominio final de la una sobre la otra. La naturaleza, pura, sin alma, puramente material y contrapuesta alto, nació tan sólo cuando el espíritu fue exiliado en un absoluto "más allá", es decir, sólo con la mentalidad judeo-cristiana].

Y como al saber interior, directo, integral dado a la Sabiduría se le sustituyó el saber exterior, intelectual, discursivo-científico, profano, simultáneamente a la conexión orgánica y esencial del hombre con las fuerzas profundas de la naturaleza que constituía la base del rito tradicional, del poder del sacrificio y de la misma magia, se le sustituyó una relación extrínseca, indirecta, violenta: la relación propia de la técnica y de la máquina. He aquí pues en cuál manera la revolución judeo-cristiana contiene el germen de la misma mecanización de la vida.

En la máquina hallamos reflejado el aspecto impersonalista e igualitario de la ciencia que la produce. Así como con el oro es la dependencia reducida a no ser más persona, mecanizada; así como la cultura moderna tiene por ideal un saber universalista, bueno para todos, inorgánico y transmisible como una cosa, del mismo modo con el mundo de la máquina nos encontramos ante una potencia también impersonal, inorgánica, basada en automatismos que producen los mismos efectos con absoluta indiferencia en relación a quien actúa. Toda la inmoralidad de una tal potencia, que pertenece a todos y no es de nadie, que no es valor, que no es justicia, que por la violencia puede hacer más poderoso a alguien sin que antes lo convierta en superior, resulta claramente visible. Sin embargo, como también resulta que ello es posible sólo porque no se encuentra ni siquiera una sombra de un acto verdadero y propio en tal esfera, ningún efecto en el mundo de la técnica y de la máquina es directamente dependiente del Yo como de su causa, sino que entre el uno y el otro existe, como condición de la eficacia, un sistema de determinismos y de leyes que se conocen pero que no se comprenden, y que, con un puro acto de fe, se reputan constantes y uniformes. Por todo aquello que el individuo es y por una potencia individual directa, la técnica científica no dice nada, por el contrario: en medio de su saber acerca de fenómenos y de las innumerables diabólicas máquinas propias, el individuo hoy es más miserable e impotente como no lo fuera nunca antes, siempre más condicionado en vez que condicionador, siempre más inserto en una vida en la cual la necesidad de querer queda reducida al mínimo, el sentido de sí, el fuego irreductible de la entidad individual se va gradualmente apagando en un cansancio, en un abandono, en una degeneración.

Con las "leyes" descubiertas por su ciencia, que para nosotros son simples abstracciones estadístico-matemáticas, podrá también lograr destruir o crear un mundo, pero no por esto su relación real con los diferentes acontecimientos resultaría para nada modificada: el fuego continuará quemándolo, seguirán unas modificaciones orgánicas perturbando su conciencia, el tiempo, la pasión y la muerte lo dominarán con su ley. De manera general él será absolutamente el mismo ser que antes, en la misma contingencia de antes relativa a aquel grado en la jerarquía de los seres, que representa el hombre con todo aquello que es humano.

Superar un tal grado; integrarse a sí mismo; realizar la acción liberándola, llevándola a actuar no por debajo sino sobre los determinismos naturales, no entre fenómenos sino entre causas de fenómenos, directamente, con la irresistibilidad y el derecho propio de aquello que es superior, ésta en vez es la vía de la verdadera potencia, la cual se identifica a la vía de la misma Sabiduría: porque allí donde conocer significa ser, certeza significa también potencia.

Pero este deber exige sobre todo la superación del dualismo, la restauración de la concepción pagana de la naturaleza, de aquella concepción viviente, simbólica, sapiencia!, que tuvieron de la misma todas las grandes civilizaciones antiguas.

Cuando el hombre, del estado de espectro en que se encuentra, volverá a ser un ser, un "ser que es" y resucitará el contacto y la simpatía con las fuerzas profundas de la naturaleza, el rito, el símbolo y la misma magia no serán más "fantasías", como querría la superstición de aquellos que hoy, no sabiendo nada de todo ello, hablan como si se tratara de una superstición superada por su ciencia; y se conocerá aquella potencia que es justicia, que es sanción de dignidad, atributo natural de una vida integrada, a la cual él pertenece como algo viviente, individual, inalienable.

Repetimos lo que ya dijéramos al comienzo: Europa ha creado un mundo que en todas sus partes constituye una antítesis irremediable y completa con lo que fue el mundo tradicional. No hay compromisos y conciliaciones posibles, las dos concepciones del mundo se encuentran la una frente a la otra, separadas por un abismo del cual todo puente es ilusorio. Por otro lado la civilización judeo-cristiana está procediendo con una velocidad vertiginosa hacia sus lógicas consecuencias, y la conclusión última, sin que queramos ser profetas, no se dejará esperar por mucho tiempo. Aquellos que entreven tal conclusión y logran percibir todo el absurdo y toda la tragedia, tienen que solicitarse pues a sí mismos el coraje de decir un no rotundo a todo.

Es todo un mundo. Estas consideraciones sobre la ciencia y la máquina muestran de manera muy neta hasta dónde debe avanzar una renuncia y cómo, a pesar de todo, la misma es necesaria e imprescindible. Renuncia que no puede sin embargo significar un salto en el vacío. Las mismas consideraciones muestran cómo sea posible un sistema diferente de valores, de posibilidades y de conocimiento, tan completo y total. *Se* trata pues de otro hombre y de otro mundo, los cuales pueden ser vueltos a evocar desde la sombra y resucitados una vez que esta oleada de fiebre y de locura insinúe retirarse de Occidente.

El activismo y el mundo humanizado

Con el advenimiento de la máquina se vincula estrechamente en el Occidente la denominada concepción activista y "faustiana" de la vida, enamorada del devenir. La exaltación romántica de todo lo que es esfuerzo, búsqueda, tragicidad; la religión o, para mejor decirlo, tomando la expresión de Guénon, la superstición de la vida comprendida como un incoercible tender, como un conato que no halla nunca satisfacción y que, en perpetua sed y en perpetuo disgusto, se dirige sin cesar de forma en forma, de sensación en sensación, de invención en invención; la obsesión por el "hacer" y por el "conquistar", por lo nuevo, por el *record,* por lo inusitado, todo ello constituye el cuarto aspecto del mal europeo: aspecto que caracteriza irreversiblemente la fisonomía de la civilización occidental y que en nuestros días ha arribado verdaderamente a un desenlace paroxista.

Ya hemos mencionado de qué manera la raíz de esta perversión pueda ser referida también al campo judeo-cristiano. El espíritu del mesianismo es aquí su espíritu, su materia originaria. La alucinación por otro mundo y por una solución mesiánica que escapa del presente es la necesidad de evasión de los fallidos, de los rechazados, de los malditos, de aquellos que son impotentes para asumir y querer su propia realidad; es la insuficiencia de las almas que sufren, cuyo ser es deseo, pasión y desesperación. Gradualmente, tenazmente alimentada por el judaísmo y convertida cada vez más en gallarda y necesaria en tanto cada vez más disminuía la suerte del "pueblo elegido", esta oscura realidad partió desde los bajos fondos del Imperio y fue el mito para la gran rebelión de los esclavos, para la oleada frenética por la cual la Roma pagana fue sumergida.

Y luego, pasando sobre la construcción católica, desplazándola hacia un lado, fue la locura milenaria; y cuando la promesa y la espera se muestran falaces, y la meta se retiró retrocediendo hasta el infinito, permaneciendo y exasperándose sin embargo la necesidad y la desesperación, quedó un devenir sin más ningún fin, una pura tendencia, una gravitación en el vacío.

La fuga de este mundo y el perenne desplazamiento del otro —esta angustia respecto del mundo, que es el secreto de la vida moderna y que desesperadamente grita poder ser un valor para escapar de la conciencia de sí— es a su vez el secreto más profundo del cristianismo luego del fracaso de su escatología; es la maldición inmanente que el mismo lleva consigo y que se extendió a los pueblos que se convirtieron, traicionando el ideal olímpico, clásico y ariano.

Combinando el primer tema que ya viéramos surgir del fracaso mesiánico —el tema de la *"ecclesia"* convertido en ley de interdependencia social— con este segundo tema que brota del mismo origen; combinando pues estos dos temas nosotros nos encontramos ante la ley misma que domina toda la cultura y la sociedad de hoy: en el plano inferior, el orgasmo industrialista, los medios que se convierten en fines, la mecanización, el sistema de los determinismos económicos y materialistas ante los cuales la ciencia se subordina —vinculado al arribismo, a la carrera por el éxito de parte de hombres que no viven, sino que son vividos— y, en el límite, los nuevísimos, ya mencionados mitos del "progreso indefinido" sobre la base del "servicio social" y del trabajo convertido en fin en sí mismo y deber universal; sobre el plano superior, el conjunto de las doctrinas "faustianas", bergsonianas de las cuales habláramos antes y la base de la verdad socialista, del "devenir del saber", del universalismo y del impersonalismo de las filosofías.

En último análisis, todo esto confirma una sola y misma cosa: la decadencia, en Occidente, del valor de la individualidad, de aquel valor sobre el cual éste en cambio cacarea con tanta desfachatez. Sólo las vidas que no se bastan a sí mismas y que se descartan a sí mismas, buscan en efecto al "otro": tienen necesidad de la sociedad, de un sistema de apoyos recíprocos, de una ley colectiva; y tienden, —pues al no ser, ellos son búsqueda, insatisfacción, dependencia respecto del futuro— son devenir. Las mismas tienen terror de lo que es el ambiente natural del hombre: del silencio, de la soledad, del tiempo vacío, de lo eterno y actúan, se agitan, se dirigen de aquí para allá sin tregua, se ocupan de todo menos que de sí mismas. Actúan para sentirse, para probar que son: solicitando a la acción y a todo lo que hacen la propia confirmación, efectivamente ellas no actúan, sino que son poseídas por la acción.

Tal es el sentido del activismo de los modernos. No es acción lo que en ellos acontece, sino fiebre de acción. Es el correr vertiginoso de aquellos que han sido apartados del eje de la rueda y cuya carrera es tanto más enloquecida cuanto mayor es su distancia respecto del centro. Tan grande e intensa es esta carrera, esta "velocidad", que la tiranía de la ley social en el ámbito económico, industrial, cultural y científico son fatales en todo y por todo, en la totalidad del orden de cosas que las mismas han creado, una vez que el individuo se haya convertido en externo respecto de sí mismo, una vez que con el sentido de la centralidad, de la estabilidad, y de la suficiencia interior haya perdido también el sentido de lo que constituye verdaderamente el valor de la individualidad. El ocaso del Occidente procede irreversiblemente del ocaso del individuo como tal.

Dijimos al comienzo que en la actualidad se ignora lo que signifique la acción. Ésta es la verdad. Aquel que recorriese algunas doctrinas tradicionales hindúes, de la cuales por lo demás se podrían hallar también correspondencias en nuestro Occidente clásico, se asombraría por cierto ante la afirmación de que todo lo que es movimiento, actividad, devenir, cambio, es propio del principio pasivo y femenino*(vakti);* mientras que al principio positivo, masculino, solar *(viva)* debe referirse la inmovilidad. Y así también no se daría demasiada cuenta de lo que signifique la otra afirmación contenida en un texto relativamente más conocido —el *Bhagavad-gitá* (IV, 18)— de que el Sabio es el que distingue la no-acción de la acción y la acción de la no-acción.

En esto no se expresa para nada aquel quietismo o aquel contemplativo *"nirvana";* sino que en vez se expresa la conciencia de qué cosa sea verdaderamente actividad. El concepto es rigurosamente idéntico al que Aristóteles expresó al hablar de los "motores inmóviles": el que es causa y señor efectivo del movimiento, no se mueve él mismo. Él despierta, manda y dirige el movimiento: hace actuar, pero no actúa, es decir, no es transportado, no es atrapado por la acción, no es la acción, sino una superioridad impasible, calmísima, de la cual procede y depende la acción. He aquí por qué su mando, poderoso e invisible puede ser definido junto a Lao-tze como un "actuar-sin-actuar" *(wei-wu-wei).* Frente a ello el que actúa es ya un actuado; el que es atrapado por la acción, el que se encuentra ebrio de acción, de "voluntad", de "fuerza" en el impulso, en la pasión, en el entusiasmo, es ya un instrumento, no actúa, sino padece la acción; y por lo tanto aparece —para tales doctrinas— como un principio femenino y de negación con respecto al modo superior, trascendente, inmóvil y olímpico de los Señores del movimiento.

Ahora bien, lo que hoy en día es exaltado en Occidente es precisamente esta acción negativa, excéntrica, inferior: una espontaneidad ebria que es incapaz de dominarse y de crearse un centro, que tiene afuera de sí la propia ley y cuyo resorte secreto es una voluntad por distraerse y por aturdirse. Llaman masculino y positivo, y exaltan en cambio lo que es totalmente negativo y femenino. En su ceguera, los hombres actuales del Occidente no ven otra cosa y se imaginan que la acción interior, la fuerza secreta que no crea más máquinas, bancos y sociedades, sino hombres y dioses, no sea acción, sino renuncia, abstracción, perdederos de tiempo. La "fuerza" así queda reducida a un sinónimo de violencia; la voluntad queda cada vez más identificada al único tipo de la animal y la muscular, de la que tiene como presupuesto una antítesis, una resistencia (en sí o afuera de sí) contra la cual se tiende y se esfuerza. Tensión, lucha, esfuerzo, aspiración —*nisus, struggle*— tales son las consignas de este activismo.

Pero todo esto no es acción.

La acción es algo elemental. Es algo simple, terrible, irresistible. No hay lugar en la misma para la pasión, para la antítesis, ni para el "esfuerzo", y mucho menos aun para la "humanidad" y el "sentimiento". Ella parte de centros absolutos, sin odio, sin brama y sin piedad; de una calma que aterra e inmoviliza; de un nivel de "indiferencia creadora" superior a cualquier oposición.

Es el mando. Es la potencia temible de los Cesares. Es la acción oculta y silenciosa de los Emperadores del Extremo Oriente, fatal como la misma de las fuerzas de la naturaleza, de cuya "pureza" participan. Es aquello que se siente aun liberarse de la inmovilidad mágica de algunas efigies egipcias, de la lentitud alucinante de algunos gestos rituales. Es el maquiavelismo desnudo, verde, en toda su crudeza y su inhumanidad. Es aquello que se desencadena cuando —tal como sucedía aun el la alta Edad Media feudal— el hombre retorna solo, hombre cerca de hombre u hombre en contra de hombre, vestido de su sola fuerza y de su debilidad, sin evasión y sin ley. Es aquello que resplandece cuando —en el heroísmo, en el sacrificio, o en el gran sacrilegio— surge de pié en el hombre una fuerza más fuerte que el bien y el mal, que la piedad, que el miedo y la felicidad, una fuerza ante la cual el ojo no puede fijarse y en la cual se despierta la potencia primordial de las cosas y de los elementos.

Aquello que en física se denomina la disipación de la energía por fricción, esto es lo que los Europeos denominan "heroísmo" y del que, como niños, se glorían. El tormento de las almas afligidas, el *pathos* de las ingenuas mujercitas imposibilitadas de dominarse, de imponerse a sí mismas el silencio y la propia voluntad absoluta, todo esto es lo que hoy en día es exaltado en Occidente bajo el nombre de "sentimiento trágico de la vida" desde que en el alma ha crecido el desequilibrio y el dualismo, la "mala conciencia", el sentido del "pecado", el hombre enemigo de sí mismo y violento en contra de sí mismo.

Y de una complicación surgió otra complicación: la acción desapareció detrás del placer del sentimiento y de la congoja. La resistencia, es decir, la impotencia, se convirtió en una condición para el sentido de sí, de allí la necesidad del esfuerzo, la exaltación romántica del esfuerzo, el correr en círculo, el anhelar, la superstición de que el valor no se encuentra en el arribo, sino en correr; no la posesión o el dominio, sino la conquista dolorosa, angusti ante; no la realización precisa, desnuda, cumplida, sino la "tarea infinita". El cristianismo, al negar la armonía clásica, el sentido de la autarquía y del límite absoluto, el sentido de la superioridad olímpica; de la simplicidad dórica, de la fuerza activa, positiva, dura e inmanente, ha dado comienzo a un mundo de poseídos y de encadenados.

Todo en Occidente sabe de cadenas, de sangre *y* de tinieblas, nada de libertad. El grito de libertad hoy se siente resonar por doquier, pero no es sino un grito de prisiones, un rugido de fieras encadenadas, una voz que viene de lo bajo. El "voluntarismo" moderno no es la voluntad, sino una desesperada retórica que sustituye a la voluntad, un desahogo mental para persuadirse de una voluntad que no se tiene. E idénticos signos obsesivos, síntomas de preocupación, afirmaciones que atestiguan tan sólo la falta y la necesidad de lo que éstas afirman, son todas las modernas exaltaciones de la "potencia" y de la "individualidad": aspectos desesperados de la decadencia europea bajo una ley penosa de "gravedad" y de "deber".

Puesto que todo en Occidente es siniestramente grave, trágico, no libre. Todo delata un sentido de necesidad profunda que en los unos se manifiesta como rigorismo, prohibicionismo, imperativismo, intolerancia moralista o racionalista; en los otros como empresa romántica y *pathos* humano. Claridad cristalina, simplicidad ágil, manifestada en alegría espiritual de libre juego, ironía y superioridad aristocrática, todo esto no existe y no se concibe sino como un mito. En cada cosa reina en vez un sentido de identificación, de hundimiento, de interés morboso. Es el mundo de las prisiones que resuena aun en la humanidad acicalada con "heroísmo" y "cosmicidad", con un Beethoven y un Wagner. ¡Y cuánta gravedad y apasionamiento romántico existe en la misma exaltación nietzscheana de la "gaya ciencia", en la misma risa de Zarathustra!" La maldición del dios crucificado se ha extendido por doquier, ha envuelto a toda Europa, como un bloque de metal y de sangre, en su oscuro dolor.

Este sentido "humano" de la vida, tan típico en el Occidente moderno, confirma su aspecto plebeyo e inferior. De aquello de lo cual había unos que se avergonzaban -el "hombre"-, los otros en cambio se vanagloriaron. El mundo antiguo elevó al individuo hacia Dios, trató de disolverlo de la pasión para adecuarlo a la trascendencia, al aire libre de las alturas, sea en la contemplación como en la acción; conoció tradiciones de héroes no humanos y de hombres de sangre divina. El mundo judeo-cristiano no sólo privó a la "criatura" de lo divino, sino que terminó rebajando a Dios mismo a una figura humana. Volviendo a dar vida al demonismo de un substrato pelásgico, sustituyó las puras regiones olímpicas, vertiginosas en su radiante perfección, con las perspectivas terrificantes de sus apocalipsis, de las gehenas, de la predestinación, de la perdición. Dios no fue más el Dios arístocratico de los Romanos, el Dios de los patricios al que se reza de pié, ante el esplendor del fuego, con la frente alta y que se lleva a la cabeza de la legiones victoriosas; no fue más Donnar-Thor, el aniquilador de Thym y de Hymir, el "más fuerte entre los fuertes", el "irresistible", el señor del "asilo contra el tenor", cuya arma temible, el martillo Mjólmir, es una representación correspondiente al *vajra* del *Pva,* de la misma fuerza fulmínea que consagraba a los reyes divinos de los Arianos; no fue más Odín-

Wotan, aquel que lleva a la victoria, el Águila, el huésped de los héroes que en la muerte sobre el campo de batalla celebran el más alto culto del sacrificio y se transforman en la falange de los inmortales, sino que se convirtió, para decirlo con León Rougier, en el patrono de los miserables y de los desesperados, el holocausto, el consolador de los afligidos que se implora con las lágrimas del éxtasis ante los pies del crucificado y en capitulación del propio ser. Así pues el espíritu fue materializado, el ánimo ablandado. No se conoció más sino lo que es pasión, sentimiento, esfuerzo. Ya no estuvo más el sentimiento supramundano por la espiritualidad olímpica, sino también fueron perdidas de a poco la dignidad viril nórdico-romana y, en un empobrecimiento general, un retorcido mundo de tragedia, de sufrimiento y de gravedad fue penetrando: el mundo "humano" en vez del épico y dórico.

"Humanismo": de todo esto -sucia neblina exhalada por la tierra, que ha vedado la visión de los cielos- existe quien se gloría como si se tratase del "valor" del Occidente. Circula en efecto en cada una de sus formas, se encuentra en la raíz de los romanticismos nuevos y viejos, de todos los humanitarismos, de todas las modernas fiebres de acción y de voluntad.

Y nosotros gritamos: ¡Hay que purificarse de éste! Tarea sumamente ardua como la extinción de los otros troncos ya descritos que canonizan la decadencia europea.

Lo "humano" debe ser superado absolutamente, sin piedad. Pero para ello es necesario que los individuos arriben al sentido de la interior liberación. Hay que saber que ésta no puede ser objeto de sed, no puede ser objeto de búsqueda ávida de parte de encadenados que, como tales, no tienen derecho a ello. Ésta o es, como una cosa simple que no se proclama ni se teoriza, de la cual casi no nos damos cuenta, como una presencia natural, elemental e inalienable de elegidos, o en cambio no es. Más se la quiere más se escapa, porque la necesidad le es mortal.

Hay que detenerse: como quien, al darse cuenta de correr afanosamente bajo un calor ardiente se dijese a sí mismo:"¿Y si fuera más despacio?" Y luego de ir más despacio: "¿Y si dejase de caminar?" Y luego de cesar de caminar: "¿Y si me sentara?" Y luego de sentarse: "¿Y si me estirara en el piso, aquí a la sombra?" Y luego estirándose en el piso probara un infinito alivio y recordara con estupor su carrera, su vieja prisión: de la misma manera el ánimo de los modernos, que no conoce tregua, silencio, ni descanso, debe ser gradualmente aplacado. Es necesario reconducir a los hombres hacia sí mismos y obligarlos a hallar en sí mismos su fin y su valor. Que ellos aprendan nuevamente a sentirse solos, sin auxilio alguno y sin ley, hasta que se despierte al acto del absoluto mando y de la absoluta obediencia. Dirigiendo fríamente la mirada alrededor, que reconozcan que no hay adónde ir, que no hay nada que pedir, nada que esperar, nada que temer. Que respiren de nuevo, liberados del peso, y que reconozcan la miseria y la debilidad sea del amor como del odio. Que se vuelvan a levantar como simples, puras y sin embargo cosas ya no más humanas.

En la superioridad de los aristócratas, en la alta capacidad de almas señoras de sí mismas, se burlen de la turbia avidez con la cual los esclavos se precipitan sobre el banquete de la vida. Se determinen en una indiferencia activa capaz de todo según una renovada inocencia. El poder de poner en juego la propia vida y de fijar los báratros sonriendo, de dar sin pasión, de actuar poniendo en un mismo plano el vencer como el perder, el éxito o el fracaso. Que brote de esta misma superioridad que hace disponer de sí mismos como de algo y en la cual se despierta verdaderamente la experiencia de un principio más fuerte que cualquier muerte y que cualquier corrupción. Que el sentido de la rigidez, del esfuerzo, del brutal "¡debes!" no exista más sino como el recuerdo de una absurda manía. Reconociendo la ilusión de todas las "evoluciones", de todos los "planos providenciales", de todos los "historicismos", reconociendo todos los "fines" y las "razones" como andadores necesarios tan sólo a quien, a un niño, no sabe ir por sí mismo, los hombres dejarán de ser movidos, sino que se moverán por sí mismos. Si su yo se convertirá en el centro, desde ellos, hombres y no más espectros, resurgirá la acción en su sentido primitivo, elemental, absoluto.

Y aquí entonces, si la niebla maldita del mundo "humano" se habrá disipado, más allá del intelectualismo, más allá de la psicología, más allá de la pasión y de la superstición de los hombres, reaparecerá la naturaleza en su estado libre y esencial. Todo alrededor volverá libre, todo finalmente respirará. Será superada a través de la experiencia también la gran enfermedad del hombre romántico, la fe. Al hombre así reintegrado se le abrirán efectiva y espontáneamente nuevos ojos, nuevos oídos, nuevas audacias. Lo sobrenatural dejará de ser la pálida fuga de almas pálidas. Será realidad, y se convertirá en una sola cosa con lo natural. En la luz pura, calma, poderosa e incorpórea de una resurgida simplicidad dórica, espíritu y forma, interioridad y exterioridad, realidad y suprarealidad, se convertirán en una cosa única, en el equilibrio de dos miembros, de los cuales ninguno es más y ninguno es menos que el otro. Será pues una época de realismo trascendente: en las fuerzas de quienes se creen hombres y no saben que son dioses dormidos, se volverán a despertar las fuerzas de los elementos, hasta los temblores de la absoluta iluminación.

Y entonces será superado también el otro gran vínculo humano, el de la amalgama social sin rostro. Se habrá trastocado la ley que ha hecho de ellos partes de máquinas, piedras encadenadas en el cemento impersonal del despotismo colectivo y de las ideologías humanitarias, los individuos serán cada uno principio y fin en sí mismo: cerrados cada uno en sí como mundos, rocas, cimas, vestidos tan sólo de su fuerza y de su debilidad. A cada uno un lugar —un lugar de combate— una cualidad, una vida, una dignidad, una fuerza distinta, sin par, irreductible. Su moral será: debes imponerte a la necesidad de "comunicar" y de "comprenderse", a la ignominia del *pathos* de la hermandad, a la voluptuosidad del amar y de sentirse amados, de sentirse iguales y afines, debes imponerte a esta sutil fuerza de corrupción que disgrega y debilita el sentido de la aristocracia. Que sea querida la incomunicabilidad, en nombre de un respeto absoluto y viril: valles y cumbres, fuerzas más fuertes y fuerzas más débiles, la una junto a la otra o la una en contra de la otra, lealmente reconocidas, en la disciplina del espíritu íntimamente inflamado, pero exteriormente rígido *y* con la dureza del acero, que contiene en magnífica medida el carácter desmedido de lo infinito: militarmente, como una empresa de guerra, como en un campo de batalla. Relaciones precisas, orden, *cosmos,* jerarquía. Grupos rigurosamente individuados que se organizan, sin intermediarios y sin atenuaciones, a través de acciones en las cuales los unos —hombres y estirpes— ascenderán luminosamente, los otros irremediablemente precipitarán. Encima, seres solares y suficientes, una raza de Señores de la "mirada amplia, lejana, temible", que no toma, sino que da en superabundancia de luz y de potencia, y que, en una conducta de vida decidida, aspira a una intensidad siempre más extraordinaria, y sin embargo siempre equilibrada en su calma sobrenatural.

Entonces el mito romántico, el del "hombre" y de lo "humano", desaparecerá y nos acercaremos al umbral de la gran liberación. En un mundo de limpidez las palabras de Nietzsche, el precursor, podrán entonces resonar en un sentido trascendente: "¡Cómo son bellas, cómo son puras estas libres fuerzas no más manchadas del espíritu!".

Capítulo V.

Nuestro símbolo europeo

Nietzsche, el incomprendido

Una vez más nos conducimos ante dos mundos ideales, de los cuales no queremos atenuar, sino en cambio exasperar su oposición.

Si es que tiene que haber una solución deben darse únicamente una ruptura y una revolución total.

Hemos llegado a un punto tal que no se debe más esperar en la eficacia de los injertos. No hay nada que, sobre la base de los valores de nuestro mundo contemporáneo, sea capaz de salvar a este cadáver que juega cada día con las resurrecciones y que confunde los temblores de la agonía con los del despertar.

Es la sustancia misma la que debe ser destruida y renovada desde el fondo; sin lo cual todo lo que puede ser dado como salvación será contagiado, no se salvará sino que padecerá el mismo mal.

En todos los campos —ya se lo ha visto— las concepciones hoy dominantes son la absoluta oposición a los presupuestos espirituales, sobre cuya base poder arribar a una restauración en sentido tradicional. No se debe por lo tanto hesitar en pretender que todo lo que en el hombre moderno forma parte de lo que ha conducido a la actual perversión debe ser destruido. Pero al mismo tiempo debemos sostener con firmeza: Nosotros pretendemos la destrucción tan sólo en la medida que conocemos formas más elevadas, más gloriosas, más vivientes. Nosotros no queremos la negación, sino la restauración. Hay un sistema de valores completo, total, positivo, desarrollado en correspondencia con todas las otras formas acontecidas en la "civilización" profana de hoy en día, como base segura para superar —sin temor de terminar en la nada— todas las negaciones propias de la decadencia europea.

Al demonismo de lo colectivo, al anonimato de la omnipotente finanza y a la tiranía del Occidente socializado y judeo-cristianizado, debe oponérsele el ideal de un retorno a las castas y a la jerarquía cualitativa.

A la ciencia positiva y a las profanaciones que —por su intermedio—han abierto todas las compuertas al plebeyismo del trabajo y de la cultura, debe oponérsele el ideal aristocrático de la Sabiduría.

Al abstractismo mojigato y a los formalismos de una fe antiaria, el ideal suprarreal y solar de la iniciación.

A la ilusión luciférica de la potencia técnico-mecánica, fruto de una renuncia total, instrumento de nuevas necesidades y de una nueva esclavitud, el ideal aristocrático de la acción metafísica, la incondicionada potencia que a las *élites* de una humanidad reintegrada pueden ofrecer el rito y la ciencia sagrada tradicional.

A la concepción romántica y faustiana de la vida, la concepción liberada y dominativa nórdico-clásica y el ideal de una experiencia metafísica, como base para una nueva acción y una nueva contemplación.

El ritmo se acelera, el círculo de la "civilización" occidental tiende a cerrarse. Ante ello, las actitudes posibles son tres.

1- sustraerse, levantando barreras, abandonando a su suerte a estos desviados y traicionados a sí mismos; rompiendo los puentes —incluso antes de que piensen en ello los "hijos de Musper— para impedir que sus contagios alcancen nuestros rincones más escondidos.

2- bien, esperar la solución, acelerando el ritmo del "progreso", esperando el final, o, si esto no es suficiente, determinarlo, de modo tal que el terreno se encuentre libre para el fulmíneo surgir del nuevo árbol.

3- bien, asumir desde ahora mismo la voz de alarma y de rebelión, oponerse lentamente, tenazmente, sin piedad, con una fuerza destructiva por un lado y con una fuerza creativa por el otro, a la marea que amenaza con llevarse a las partes aun sanas de Europa.

Pero la base para todo esto —lo repetimos una vez más—, el presupuesto para toda acción externa, es una renovación interior. Antes de cualquier otro coraje, debe tenerse el espiritual, el que no nos consiente tolerar ninguna confrontación y ningún compromiso y que, manifestando la más completa indiferencia hacia quien quizás nos acusaba de ser anacrónicos soñadores, utopistas cortados afuera de la realidad, por el contrario nos anda, impasibles, en la verdad tradicional.

Y quien aún no fuese capaz de hacerlo solo, puede hallar un precursor aun dentro de estos tiempos oscuros, un incomprendido, que espera todavía en las sombras: Federico Nietzsche. La experiencia nietzscheana aún no se encuentra agotada, en la medida en que ni siquiera ha comenzado todavía. Se encontrará ya seguramente agotada la caricatura estético-literaria de Nietzsche, condicionada por el tiempo, lo estará también la reducción biológico-naturalista de algunas partes de su enseñanza. Pero el valor que Nietzsche ha llevado heroicamente y con el precio de un sufrimiento sin nombre, a pesar de todo su ser que se sublevaba y cedía hasta que, sin un lamento, luego de haber dado todo, se derrumbó. Este valor que se encuentra más allá de su "filosofía", más allá de su humanidad, más allá de él mismo, idéntico a un significado cósmico, reflejo de una fuerza eónica —el *hvarenó* y el fuego terrible de las iniciaciones solares— este valor espera todavía ser comprendido y asumido por los contemporáneos. Ya en el mismo se encuentra la alarma, la apelación al disgusto, al despertar y a la gran lucha: aquella en la cual —tal como dijéramos— se decidirá el destino de Occidente: el de caer en un crepúsculo o el de encaminarse hacia una nueva aurora.

Liberando la doctrina de Nietzsche de su parte naturalista, reconociendo que el "superhombre" y la "voluntad de poder" sólo son verdaderas en tanto se las comprenda como valores suprabiológicos y, querríamos decir, sobrenaturales, entonces esta doctrina para muchos puede ser una vía a través de la cual se puede arribar al gran océano, al mundo de la universalidad solar de las grandes tradiciones nórdico-arias, desde cuya cumbre se impone el sentido de toda la miseria, de toda la irrelevancia y de toda la insignificancia de esté mundo de encadenados y de poseídos.

Sobre esta base debe también comprenderse una provisoria acción práctica, que debería partir desde los más altos puntos de vinculación, por el momento aun no accesibles sino a una pequeña *élite*, mientras que para los otros, que no comprenden, podría ser sólo un motivo de confusión que los obligaría a abandonar, con los superiores, también los ideales de valor inmediato, práctico y realizable.

Los valores nórdico-paganos son valores trascendentes, que reciben su verdadero sentido sólo desde lo interno de aquella concepción completa antimoderna y antieuropea que, en sus rasgos esenciales, ya hemos delineado. Pero los mismos también podrían constituir unos principios éticos, aptos mientras tanto para formar una base para una nueva educación y para un nuevo estilo de vida, libres de la hipocresía, de la vida y de las alucinaciones de las generaciones últimas.

La experiencia pagana no es para nada una experiencia imposible y anacrónica desde cualquier punto de vista. ¿No sentimos acaso casi todos los días cómo el "paganismo" del mundo moderno es constatado y deplorado por los representantes de las religiones europeas? Este paganismo es en gran medida, es verdad, un paganismo imaginario: se trata de un mal en cuya raíz quien nos ha seguido hasta aquí sin dificultad puede reconocer a las fuerzas y a las condiciones que en su origen han alterado el mundo antiguo precristiano.

Bajo otros aspectos, en vez, este paganismo es un paganismo verdadero. Se trata de descubrir los aspectos a través de los cuales pueda servir como medio para el fin, de modo de transformarse en alguna cosa positiva; sin ser en ningún modo un sinónimo de materialismo y de corrupción, corno lamentablemente lo reputa la mayoría, cuando se habla de paganismo; convirtiéndose en expresión de la preparación para un estado superior y verdaderamente espiritual, tal de consentimos permanecer siempre fieles a las fuerzas de la raza nórdico-aria allí donde estas fuerzas, sin bien siempre oprimidas, no son vencidas.

El aspecto positivo del paganismo moderno lo tenemos allí donde existe un realismo que signifique superación del romanticismo; donde se ha cumplido en las nuevas generaciones una no teórica, sino prácticamente vivida, eliminación de los diferentes espantapájaros del pensamiento, del sentimiento, del arte y de la moral; donde surge algo originario y bárbaro, pero unido a las formas simplificadas, límpidas y dominadas de la más extrema modernidad; donde ha realmente acontecido una nueva objetividad, una nueva seriedad, un nuevo aislamiento, que sin embargo no excluyan la posibilidad de un unirse en la acción y para la acción; donde nuevamente despiertan interés más los objetos que los hombres, más las obras que las personas privadas y las "tragedias" de sus autores, sean éstos individuos, razas o colectividades; donde toma valor el impuso a salir de la propia "alma" en el vasto mundo, restituido a su carácter de eternidad y a su indiferencia ante lo humano: no como en una fuga, sino como en un retorno a la normalidad, a la naturalidad, a la centralidad.

Todo esto puede contener unos principios para una provisoria catarsis. El esfuerzo debe tender a que la vía de estas "superaciones" no desemboque —como en la mayor parte de los casos— sobre el plano de la materia y del mero "vivir" —del mero "más acá"— para terminar así en el empobrecimiento más innoble de las posibilidades humanas.

Sería necesario pues que los temas de un nuevo realismo, de un nuevo clasicismo nórdico-pagano, de una nueva libertad en lo esencial, en lo antisentimental, en lo "dórico" y en lo objetivo —que en modo desparramado se muestran en diferentes tendencias de la generación más reciente, no pocas veces acompañados por temas viriles de un nuevo nietzscheanismo-que tales temas lograran transformarse, arribar a un verdadero nivel de espiritualidad (a hallar vías que conduzcan a algo que se encuentre más allá sea de la materia como del "espíritu", tal como lo ha comprendido la cultura moderna) y —a través de *élites* anticipadoras— con un estilo de clara visión, de dominio y de perfección supraindividual, que desemboquen en lo extrahumano,

Si, sobre esta base, una ética que podemos también denominar nórdico-pagana purificará nuestras razas aun sanas y las compenetrará integralmente en un nuevo estilo *de* vida, el terreno estará listo para la comprensión y la gradual realización de aquello que tiene un valor aún más alto y de lo cual hemos hablado para reconocer que adelante, más allá, no se encuentra el vacío, sino que el vacío se encuentra tan sólo ahora.

La verdadera Paneuropa

A esto se le puede vincular alguna consideración de orden concreto acerca de la situación de la Europa contemporánea.

Es un hecho que, aun en el dominio meramente político y económico, determinadas fuerzas negativas que antes se manifestaban tan sólo esporádicamente y que se presentaban en una condición desordenada, hoy se organizan, se convierten en potencias en el verdadero sentido de la palabra y, en su pretensión hegemónica, en su carácter destructivo con respecto a todo lo que también en sentido estricto puede valer como tradición europea, se presentan a nosotros como una precisa amenaza ante la cual, también política y socialmente, se impone una alternativa.

Así como se encuentran las cosas, surge un problema fundamental: ¿es posible que Europa, no obstante su desorden económico y político, pueda afirmar la propia autonomía ante potencias no europeas y antieuropeas, o bien que, para salvar la propia existencia, tenga necesidad de organizarse unitariamente?

Éste es el denominado problema paneuropeo, que el conde Coudenhove-Kalergi [NDT.- Publicista y político austríaco de la primera posguerra. de una nueva barbarie colectivista-proletaria, mecanizada, enemiga declarada de todo lo que es libertad, espíritu y personalidad, tal cual justamente nos lo muestra la Rusia de los Soviets. En la conciencia oscuro-demónica de esto, los Soviets en efecto se arrogan la misión profética de llevar a la humanidad futura una cultura universal, la cultura proletaria con su mito del hombre-masa. Y Coudenhove justamente observa que, si ayer Europa ante la revolución rusa podía representar el orden en contra del *caos,* hoy justamente lo contrario es la verdad: hoy vemos a los Soviets constituirse como un férreo bloque político, ideológico y económico al mismo tiempo; y si tal bárbara potencia persiste en esta dirección de una absoluta organización de toda energía, de una racionalización y utilización de cada recurso natural y humano (del cual su "plan quinquenal" es la primera manifestación y hacia el cual se ha encaminado en función de determinadas intenciones de dominio político internacional), entonces para la Europa, fraccionada por sus varios desacuerdos nacionales e internacionales, por su economía, y sobre todo por sus ideales, nos hallamos frente a un peligro que difícilmente puede ser sobrevaluado] ha recientemente formulado, señalando a Rusia, a Inglaterra y a Asia como a las tres principales potencias ante las cuales este problema asume una importancia particular.

Es por lo demás irrebatible el hecho de que, dentro del sentimiento general de crisis y de malestar hoy reninante, que se expresa también en el plano material de la sociedad occidental, las mentes mejores se vean hoy obligadas a evocar el ideal de una superior civilización ecuménica, en la cual un nuevo y uniforme principio debería reorganizar a las razas europeas, dispersas y empobrecidas en sus fuerzas y en sus individualidades.

El problema paneuropeo puede pues ser incluido en nuestras consideraciones, y podemos decir que el mismo tiene verdaderamente un sentido y una más profunda razón de ser, en cuanto es *—in primis et ante omnia—* expresión de una necesidad de defensa de la Europa ligada a la Tradición. Las ventajas prácticas de una unión paneuropea para nosotros pueden tener un interés tan sólo secundario y condicionado, no siendo el mayor peligro que amenaza a Europa tanto un peligro material cuanto en vez, espiritual. No nos ilusionemos sobre las posibilidades de una unidad sobre el plano de la materia y de la "política": estos por su naturaleza son planos de contingencia, de relatividad, de irracionalismo y de compromiso: no se puede pensar que sobre el mismo pueda tener vida una forma dotada de verdadera estabilidad no estando allí presente —como su alma— un principio superior. Sólo sobre el plaño del espíritu puede tomar vida una verdadera unidad y ser superado todo impulso de cisma y de particularismo.

Ubicándose desde este punto de vista, se puede también continuar viendo —con Coudenhove— en Rusia, Inglaterra y Asia, a los principales centros de fuerzas frente a los cuales se hace necesario constituir un bloque europeo: pero con la condición de buscar, al mismo tiempo, el aspecto de peligro espiritual que corresponde a cada uno de ellos.

Por lo que se refiere a Rusia, nos hallamos efectivamente ante la fuerza más amenazadora para nuestro futuro. Hemos visto cómo los procesos de la regresión espiritual —particularmente en su aspecto de caída del poder de la una sobre la otra de las antiguas castas arianas— tiendan a la insurgencia

Por lo que se refiere a la segunda potencia, Inglaterra, la misma debe ser considerada en su estrecha relación con Norteamérica, para poder valorar plenamente el antieuropeísmo de una cultura practicista, mercantil, democrático-capitalista, esencialmente laica y protestante, llegada justamente en Norteamérica a su conclusión última: al mamonismo, a la desmedida estandarización, a la tiranía de los *trusts* y del oro, a la humillante religión de la "socialidad" y del trabajo, a la destrucción de cualquier interés metafísico y a la glorificación del "ideal del animal". Así pues, desde este punto de vista, Inglaterra, cuyo imperio mundial se encamina a su ocaso, constituye un peligro menor respecto de Norteamérica, que objetivamente puede considerarse como la correspondencia occidental del mismo peligro que, en el límite oriental, representa para nosotros la Rusia de los Soviets. La diferencia entre las dos culturas no consiste sino en esto: aquellos temas que los Soviets tratan de realizar con una tensión trágica y cruel y a través de una dictadura y un sistema de terror, en Norteamérica, en cambio, prosperan con una apariencia de democracia y de libertad, en tanto que se presentan como el resultado espontáneo, necesariamente alcanzado a través del interés por la producción material e industrial, del desapego respecto de todo punto de referencia tradicional y aristocrático, a través de la quimera de una conquista técnico-material del mundo.

Por lo que se refiere al tercer peligro, el asiático, para nosotros no subsiste en el Japón europeizado y mucho menos en China y en la India. Ha sido mérito de Guénon el haber puesto de relieve el hecho de que justamente lo contrario es lo verdadero, es decir que justamente el Occidente ha representado un peligro para estos pueblos; es más, el principio de su decadencia. El Occidente ha inyectado en sus venas el *virus* de la modernización, causando la rápida disolución de todo lo que estas grandes poblaciones aun conservaban de tradicional y de trascendente en sus organizaciones. Si en un mañana el Asia, organizándose como el Occidente y participando de todas las contaminaciones del espíritu moderno, representará un peligro político para Europa, sólo ésta es culpable y responsable de todo ello. De peligro asiático se puede en vez hablar también en un sentido totalmente diferente: se trata del peligro que constituye para el alma europea, particularmente en la actual situación, una espiritualidad ambigua, panteísta, confusa, en fuga respecto del mundo, que se puede reencontrar en las miles de corrientes y sectas neo-místicas y teosofistas contemporáneas, casi siempre vinculadas a los temas del humanitarismo, del pacifismo y de la antijerarquí a, extrañamente similares a la cultura sincretista asiática del período alejandrino de la decadencia. Naturalmente, todo esto no tiene absolutamente nada que ver con el Oriente tradicional y sobre todo ariano: se trata de un *pathos* que, en el límite, puede conducirnos al substrato de las razas inferiores, a través de cuyo dominio y civilización se han formado las grandes culturas orientales: *pathos* que favorece justamente los fermentos de descomposición de un Occidente judeo-cristianizado. No menos y lamentablemente en muchas corrientes europeas el Oriente es conocido y activo sobre todo en este sentido, y en este sentido representa un peligro: el peligro de que, para combatir al materialismo occidental, se caiga en un espiritualismo antioccidental y no viril.

Así es como se integra la triple hostilidad ante la cual el problema de una unidad europea puede formularse en sus verdaderos términos. Luchar en contra, está bien, pero lo esencial es: ¿en nombre de quién y de qué cosa luchar en contra de algo? Supongamos que Europa, para poderse oponer en sentido político y económico a Rusia, cual confederación de las repúblicas soviéticas, o a los Estados Unidos, se organizara en modo precisamente correspondiente a los ideales antijerárquicos "socialistas", laicos de estas dos potencias. Entonces nosotros veríamos que la solución positiva coincidiría con la negativa; la oposición equivaldría a una escondida abdicación, a una secreta claudicación, a un pasar del lado del enemigo justamente a través de la acción que habría debido cerrarle el paso. Por lo demás sería desconsiderado pretender de la suma de dos partes algo que no esté presente ni siquiera en una de éstas. También representaría un absurdo ilusionarse con que una forma de cualquier tipo de unidad europea pueda servir para algo, si los pueblos que la integran no se han ya encaminado, cada uno por su cuenta, hacia una reacción en el mismo sentido, hacia una integración espiritual que rechace todo lo que en éstos tiende hacia la dirección rusa o norteamericana. Se trata en cambio de hacer de modo tal de que se cree un espíritu unitario que dé efectivamente a estos pueblos la posibilidad de hallarse unidos orgánicamente y, por decirlo así, espontáneamente en algo superior ante la propia existencia individual.

El alma de estas reacciones e integraciones individuales, que desde lo interno podrían preparar el terreno para la formación de un bloque europeo, material y espiritual al mismo tiempo, se la encuentra en los ideales defendidos por nosotros, en los valores integralmente asumidos por la tradición nórdico-aria, como base para una restauración aristocrática.

Coudenhove-Kalergi cree reconocer como componentes del "alma europea" —y en consecuencia como presupuestos para una futura Paneuropa— al individualismo, al heroísmo y al socialismo: valores que la Europa moderna habría tomado de la tradición clásica, o mejor aún, nórdica y cristiana. Pero la unión de estos tres valores es algo comprometedor: la introducción del "socialismo" como valor europeo —tal como todas nuestras anteriores consideraciones lo muestran—equivaldría a una especie de caballo de Troya, que pronto o tarde expondría al bloque europeo a aquellas fuerzas que caracterizan el peligro al cual nos debemos oponer, y contra las cuales se debe combatir. Coudenhove-Kalergi ha caído en este error porque ve el componente del "individualismo" desde un punto de vista puramente pluralista; por lo tanto acepta, como compensación de la división y del atomismo a los cuales podría llevar el individualismo, el derecho del "socialismo", cual cimiento unificador. En verdad en cambio hay un individualismo que ya en sí mismo —a través de los valores de la fidelidad, del servicio y del honor— contiene los gérmenes para una superación del aislamiento y del egoísmo del sujeto y abre el camino a la posibilidad de una límpida y sana jerarquía. Ni los Romanos, ni las estirpes primordiales nórdico-arias tuvieron necesidad de esperar el socialismo cristiano para arribar a formas reales y superiores de organización. Por lo demás hay socialismo y socialismo: existe el socialismo ariano, como ideal guerrero de una asociación de libres señores y está el socialismo judeocristiano, ambiguo, totémico y no viril, hecho de recíproca necesidad y de *pathos,* con el cual no sabríamos qué hacer, y que consideramos una ofensa para el alma europea.

Si en nuestra concepción la idea aristocrática es el primer fundamento para una restauración tradicional, con ello tenemos simultáneamente el principio que, aun en sentido práctico y político, podría llevarnos a la superación de aquello que en sustancia hoy se opone a una unidad europea.

Este sustancial impedimento es el nacionalismo. Vemos como en efecto la caída de aquella unidad ecuménica que la Europa del Medioevo ya poseyera, se ha efectuado a través del nacionalismo. Habiendo decaído el ideal jerárquico-aristocrático medieval, habiendo venido a menos la diferenciación de las castas y de las corporaciones, habiendo tomado su lugar la obra de la centralización nacional y de la creación de los "poderes públicos", y habiendo pasado los jefes de las funciones superiores, que los ligaban a una liturgia de la potencia, a una ingerencia directa y absolutista sobre el campo de una política ahora vinculada directamente a la economía y a la nación, comprendida como país y colectividad, se tuvo entonces una materialización y una regresión que abrieron las vías a un particularismo disgregador: a aquel particularismo que aun exasperadamente perdura y sobre el cual se rigen las diferentes naciones europeas, la una en contra de la otra, como otros tantos cismas, como otros tantos conceptos que se contrastan, y detrás de los cuales se esconde una serie de hegemonismos de tipo meramente político, económico y territorial.

Por lo tanto, sólo tomando el camino en sentido opuesto —en modo natural, sin tener que volver necesariamente a formas condicionadas por el tiempo, sino retomando su espíritu— se puede pasar a la realización del ideal de una unidad europea. En la medida en que —como hoy— el espíritu sea un instrumento al servicio de la política, una aristocracia pueda ser confundida con una plutocracia y con los jefes de una organización puramente económica, administrativa o militar, el Estado sea justamente —y tan sólo— nación, y no jerarquía de las castas, correspondiente a una diferenciación y jerarquía de los valores; en la misma medida, los apetitos, los egoísmos, la competencia, los planos de una industria ávida, etc., por cuanto sean éstos también irracionales y autodestructivos, serán las fuerzas más fuertes contra cuyo frente fracasará cualquier intento de unificación.

Es más bien necesario que acontezcan una descentralización y una desmovilización económica; que el Estado, cual principio espiritual, se libere de su aspecto material; que asigne a este aspecto un ámbito limitado, sobre el cual el mismo se eleve siguiendo justamente el ideal jerárquico integralmente comprendido que, en cuanto tal, nunca podría terminar en aquello que es condicionado por el particularismo y por el materialismo, por la etnía y por la geografía. En los diferentes estados tendremos entonces otras tantas aristocracias que, viviendo una misma tradición del espíritu y una misma liturgia de la potencia, adhiriendo interiormente a los valores esencialmente supranacionales de esta tradición, determinaría una efectiva unidad desde lo alto: aquella unidad supranacional que une en el espíritu sin mezclar los cuerpos.

En tal modo podría arribarse a una Paneuropa, se podría determinar coherentemente todo lo que es útil para resolver la crisis europea y para formar un bloque europeo en contra de los peligros que, también materialmente, amenazan con sepultar los residuos de nuestra antigua civilización. En algunos casos la unidad europea podría quedar en un estado de realidad vivida, que no tiene necesidad de ningún ordenamiento exterior. Pero en otros casos debería estar lista para mostrar, también dinámicamente, su potencia, recogiendo en un impulso único e indetenible, y en una voluntad única, a varias razas y tradiciones para un único y solo fin de defensa o de conquista; pero aun siguiendo siempre un impuso desde lo alto, que deje detrás de sí los ciegos determinismos de las pasiones políticas, que obedezca a una idealidad, a algo universal y transfigurante: a una cercanía con el ideal de las Cruzadas, en el cual Europa por primera y única vez, realizó una acción universal, unificadora, más allá de los límites del país y de la sangre.

Y para la forma política de una tal unidad, que estaría en conformidad con la tradición europea, no podemos sino indicar nuevamente el *ethos* sobre el cual se basaron las antiguas constituciones nórdico-paganas. Nosotros por lo tanto pensamos en aquellas asociaciones de libres que en tiempos de paz eran como un parlamento de pares, de señores independientes en lo interior del propio *mundum;* en tiempo de guerra, en vez, o en el momento de un fin común y hasta tanto duraba la acción común, permaneciendo siempre listos para la llamada, se transformaban con sus hombres en vasallos absolutamente fieles a un único jefe.

El mito de las Dos Águilas

Las consideraciones que hemos hecho recién se adaptan para remitirnos a un problema aún más concreto: consiste en evaluar el punto desde el cual podría partir la acción para una nueva unidad europea.

Según nuestra convicción tal inicio no se podría tener de otra forma que no sea a través de la unión de las Dos Águilas: del Águila germánica y del Águila romana. Lenin tuvo ocasión de decir: "El mundo romano-germánico constituye el obstáculo más grande para la realización del nuevo ideal proletario". Esta confesión es de gran valor para nosotros.

Si existe la necesidad de formar un cinturón de aislamiento de los países europeos que pueden con autoridad decir de sí mismos que poseen una tradición, contra aquellos que no tienen ninguna, o porque han renegado de ella o porque la han perdido, y que para los primeros, en una forma u otra representan un peligro, entonces, sólo la unión de Italia con los países germánicos puede constituir, desde nuestro punto de vista, el corazón de la formación de un bloque tal. El mundo romano-germánico representa el símbolo y la fuente de todo aquello que en el Occidente puede denominarse "civilización" en sentido verdadero, cualitativo, tradicional: de la misma manera que, a la inversa, el desvío socialista, mecanicista y plebeyo representa, como nosotros sabemos, la más vergonzosa caída. Italia, Alemania y Austria forman conjuntamente el polo tradicional del Occidente. De Este a Oeste presionan pueblos antitradicionales: los Eslavos no han tenido nunca una tradición; y ni siquiera Norteamérica posee una; Francia, republicana y decadente, africanizada y semitizada, primer foco de la moderna insurrección de los esclavos, ya no tiene tradición; la antigua Inglaterra aristocrática se encuentra en las manos de la democracia y está ya, desde todo punto de vista, próxima a su declinación; los verdaderos satélites del Mediterráneo, de los Balcanes y del Norte, en niveles diferentes se insertan en el mismo marco y no tienen ninguna posibilidad de acercarse a algo que tenga el valor de un símbolo universal.

Nosotros no hesitamos pues en afirmar que, en la medida en que los esfuerzos de una rebelión y de una restauración que se manifieste a la sombra de signos esencialmente paganos y arianos —por un lado el Águila y la Cruz Gamada, por el otro el Águila y el Fascio Lictorio— tuviesen que arribar a asumir una importancia superior entre los pueblos alemán e italiano, éstos no podrían cerrarse en el denominado "sagrado egoísmo". Por lo demás a un vínculo que no esté dictado por intereses tan sólo políticos, económicos y militares —como en el inmoralismo de lo que hoy únicamente mantiene estrechamente vinculadas o bien divididas a las naciones— a un vínculo de tipo orgánico, integrativo del espíritu y del intelecto como del cuerpo, a nuestro entender, son justamente llamadas sobre todo la nación alemana y la italiana. Y no hesitamos en afirmar que la restauración —en formas diferentes— de aquello que antes de la guerra ya tuvo su problemática anticipación en la "Triple Alianza", represente también la meta para un futuro mejor. A ello se le une la posibilidad de dar a Europa un primer centro, un sano fundamento para su defensa en todo sentido.

Naturalmente, el presupuesto es que en los dos países acontezca aquel proceso de reintegración viril y "solar" del que ya hemos hablado, y frente al cual todo lo que Alemania e Italia ya ofrecen sobre la base de su nueva idea política no pueda considerarse sino como una preparación explorativa.

En cada caso, Italia ha ya cumplido un enorme paso hacia adelante al eliminar los últimos residuos que, si bien ya gastados, aun persistían de aquella ideología del *Risorgimento* que se obstinaba en presentar a Austria y a los países germánicos en general, como su "enemigo secular", y a los otros, latinos, como "hermanos". Y si Italia evocará un ideal imperial, el antiguo ideal romano, no sólo de nombre, sino también de hecho, pensar entonces que las guerras tengan que ser hechas por ideologías románticas y "patrióticas" resultará simplemente algo ridículo. Seguramente se acercará también el día en el cual —más allá de sus impulsos superficiales e ilusorios— la misma guerra mundial revelará un sentido que no tendrá más nada que ver con los hipócritas pretextos de una ideología humanitaria y antiaristocrática. Mussolini ha ya aclarado que "la guerra mundial fue revolucionaria, porque —en medio del baño de sangre— liquidó el siglo de la democracia, del número, de la mayoría y de la cantidad". En efecto, la guerra mundial no significó otra cosa que la insurrección y la coalición de los nacionalismos plebeyos y de la moderna democracia mundial contra aquellos pueblos en los cuales, en el fondo, se habían conservado los últimos residuos del antiguo ordenamiento imperial-feudal, y que lucharon más en nombre del concepto feudal de derecho y de honor que del principio plebeyo moderno de tierra y de "nación".

Respecto de todo esto también existe un correlato para los pueblos germánicos. Si la Italia, del ideal nacional, del cual en menor medida tiene una propia tradición antigua, y ello por lo tanto la vincula más con la nueva ideología francesa, debe pasar al ideal universal-imperial, que posee en virtud de la idea romana, en Alemania deben ser superadas las barreras de aquel fanatismo y nacionalismo de la raza, con el cual en el fondo se caería en un particularismo materialista y antitradicional. Es necesario que también Alemania se acuerde de su mejor tradición, de la supranacional del Sagrado Imperio Romano de la Nación Germánica. Y entonces la vía hacia aquel "Tercer Reino", preanunciado por muchas corrientes contemporáneas de la restauración alemana, no podrá evitar de conducir al punto en el cual —como en la época ecuménica medieval— el Águila romana nuevamente se una con el Águila nórdica.

Si Alemania debe defender la tradición nórdico-aria, debe entonces distinguirse —tal como nosotros lo hemos hecho— entre el significado inferior, biológicamente condicionado, y por lo tanto contingente y particularista, y el significado superior, espiritual, de este concepto, que no excluye al primero, sino que lo integra y lo conduce esencialmente a la idea de un tipo, de una fuerza primordial formadora, que debe ser despertada cual fuerza creativa también de la nueva unidad y de la nueva civilización de Europa. Si se permanece en el nivel en donde el mito de la sangre y de la raza tienen el valor de la instancia última, es evidente que la pretensión de una misión universal, propia de las razas superiores, encuentre en principio algunos obstáculos. Desde nuestro punto de vista, propiamente esta actitud de algunos ambientes nacionalistas germánicos debería ser superada, no en el sentido de una renuncia, sino a través de la afirmación en una idea superior, libre del condicionamiento de la naturaleza y de la contingencia. Un nacionalismo espiritual no podría nunca ser un obstáculo para un ideal universal, constituyendo su mismo presupuesto de éste.

Si Müller van den Bruck [Político germánico representante del movimiento del movimiento de la "Revolución Conservadora"] ha dicho que Alemania, luego de haber perdido la guerra, debe vencer a la revolución, esta expresión para nosotros debe ser esencialmente comprendida en el modo que Alemania debe rechazar todo concepto reformista que la llevaría en la dirección de aquellas ideas políticas personificadas sobre todo por sus antiguos adversarios militares. Justamente en esto que hoy algunos deploran, es decir que Alemania no haya sido todavía una "nación", en el sentido de una unión social y antijerárquica de todas las castas, nosotros vemos el valor y el aspecto positivo y antimoderno de este pueblo. Nos debemos deshacer de todo "socialismo", haciendo decididamente frente contra algunas extravagantes tendencias de una cierta juventud. Es una prueba sumamente indicativa de falta de conciencia que nos demuestra quien sostiene que la tradición alemana se habría detenido en el espíritu de la insurrección luterana y de las guerras campesinas (sobre cuya base se ha incluso llegado a proclamar un "mensaje del Oriente", según el cual una Alemania "socialista" debería unirse a Rusia en contra de Roma y los residuos del "feudalismo"), en vez de buscar sus verdaderos fundamentos en el mundo medieval y en el *echos* ario-germánico. Si podemos hallarnos próximos al antiromanismo de un emperador gibelino en lucha en contra del yugo bajo el cual habría querido obligarlo una Roma pasada al campo de una religión semítica, no nos podemos hallar del mismo modo con el antiromanismo de un rebelde sin tradición, que volvió a los textos de la "revelación" judaica, pesándole demasiado aquellos residuos de imperialidad, de jerarquía y de autoridad, que Roma conservaba a pesar de todo. Debe sostenerse con firmeza que, en la misma medida en la cual el cristianismo representó la gran caída de la humanidad romano-pagana, la Reforma representó la gran caída de la humanidad nórdico-germánica, y que hay que oponérsele no en nombre de la Iglesia, sino en nombre de la misma tradición nórdica, en nombre del espíritu pagano integralmente asumido. Arribados a esta convicción, muchas antítesis artificiales que algunos, también en un superior nivel espiritual y cultural, por incomprensión o falta de coraje espiritual o por espíritu sectario, alimentan en contra de Roma, serán automáticamente eliminadas. Lutero se encuentra tan lejos del verdadero ser aristocrático germánico, como lo está el "socialismo" de Carlos Marx.

Pasando ahora a un punto de vista más empírico: en Italia, con el "fascismo", se ha ya manifestado una lucha en contra del cáncer parlamentarista, en contra de la democracia y el socialismo. Una voluntad de orden y de jerarquía, de virilidad y de autoridad está invadiendo la nueva realidad nacional. Reconocer aquello que de positivo puede haber en todo esto sin embargo no debe impedirnos reconocer los múltiples límites que, si habrán de perdurar, mantendrán todavía alejada a Italia de una verdadera restauración aristocrático-tradicional. La tendencia fascista a la centralización estatal tiene por cierto el valor de un antídoto en contra del liberalismo democrático y del individualismo anárquico-disgregante, pero sin embargo debe ser moderada, si es que se quiere evitar aquel despotismo de los "poderes públicos" que, como necesaria consecuencia, provoca la nivelación y el decaimiento en un mecanismo impersonal. Así pues, la idea corporativista del fascismo, aun teniendo el valor de una superación ideal superior de colaboración, no debe conducir ni a una afirmación de la política a través de la economía, ni a una subversión en sentido sindicalista o a una estatización de la economía, como es el deseo de algunos fascistas que consideran a su movimiento como un cumplimiento de la revolución moscovita. Se trata más bien de hacer revivir y tutelar el sistema cualitativo y pluralista de las corporaciones medievales, con su relativa autarquía y sobre todo, con su secreta espiritualidad, su superioridad con respecto a la mera ganancia y al orgasmo activista-productivo: naturalmente en la medida en que esto sea todavía posible en el mundo actual, devastado por la máquina y encadenado a los determinismos inasibles de una omnipotente finanza internacional. La "revolución" fascista ha conservado la monarquía —y esto es ya mucho— pero no ha logrado aun remitir la monarquía de mero símbolo a potencia viviente. La monarquía, aun en el marco del fascismo, sigue siendo lamentablemente una monarquía que "reina, pero que no gobierna". Por otro lado las denominadas "jerarquías" del fascismo casi siempre no se componen sino de simples jefes de partido, muchas veces gente que ha venido de lo bajo, sin nombre ni verdadera tradición espiritual, dotada más de la capacidad de sugestión de los "tribunos del pueblo" o de los "capitanes de ventura" en el sentido laico del Renacimiento, que de rasgos verdaderamente aristocráticos. Atrapado por las luchas y las preocupaciones de la política concreta, el fascismo parece desinteresarse de crear una jerarquía en sentido superior, que se apoye sobre valores puramente espirituales y que alimente tan sólo desprecio por todas las contaminaciones provenientes de la "cultura" y del intelectualismo moderno, de modo tal de desplazar nuevamente el centro sobre algo que se encuentre por encima sea de la limitación laica como de la religiosa. La evocación fascista de los símbolos romanos se encuentra aún muy lejos de acompañarse con una evocación de la idea romano-pagana, no sólo militar, sino sacral, del *Imperium,* que convertiría en manifiesta la totalidad del aspecto de compromiso y puramente oportunista de la unión de un fascismo integral con una interpretación cualquiera de la religión judeo-cristiana. Así pues, el hecho de que la concepción fascista del Estado parezca ser esencialmente laica, "política", cuanto más, "ética", hace de modo tal que incluso nosotros, imperialistas paganos, consideremos como "mejor que nada" la situación en razón de la cual el fascismo, a pesar de la contradicción, paga a la Iglesia romana —como portadora de una autoridad universal supraterrenal— al menos el tributo de un reconocimiento de su primacía. En la misma medida en que estos límites pudiesen ser superados, Italia, en la vía del fascismo, podría estar entre los primeros pueblos que la provisoria restauración tradicional y aristocrática llama a destinos superiores.

Por lo que se refiere a Alemania, en consideración del estado de lucha en el cual hoy todavía se encuentra, se trata sobre todo de poner en luz los ideales y los mitos que mejor podrían orientar la corrientes, convertidas en impacientes por la situación actual. Si la Cruz Gamada, el signo ario-pagano del sol y de la llama que arde con fuerza propia, seguramente pertenece a los símbolos que mejor que otros podrían conducir a un verdadero renacimiento germánico, sin embargo debemos reconocer que el nombre del partido político que la ha retomado como emblema y que hoy se encuentra revolucionando a Alemania en sentido fascista, es muy poco feliz. En efecto, dejando a un lado la referencia a la clase de los trabajadores, sea "nacionalismo" como "socialismo" son elementos que se adaptan muy poco a la noble tradición germánica, y sería necesario convencerse claramente de que es en cambio una contrarrevolución en contra del socialismo democrático lo que en vez tiene necesidad Alemania.

El reconstituido Frente de Harzburg ya indicó la vía justa: un movimiento de rebelión antimarxista y antidemocrática que se remitía al frente de los mismos elementos conservadores y tradicionalistas. Se deberá tener cuidado en que el momento "socialista" —aun tratándose de un "socialismo nacional"— no tome la primacía, haciendo desembocar todo en el marco de un fenómeno de masa que se reagrupa alrededor del prestigio momentáneo de un jefe. Por cierto, muchas pretensiones de "justicia social" tienen su razón de ser, y la rebelión en contra de la oligarquía capitalista es incluso un presupuesto para la restauración de un orden cualitativo y aristocrático; por lo demás, no debe olvidarse que, en tanto se trate tan sólo de esto, se permanece siempre —sea aun con signo inverso— sobre el mismo plano en el cual se movía el marxismo y más allá del cual no concedía derecho a nada. Sobre el pueblo alemán ha hasta ahora permanecido la huella de una tradición de orden, de disciplina y de aristocracia. Es necesario permanecer fieles a esta tradición y reconstruir los elementos suprapolíticos en los cuales la misma pueda hallar una superior justificación. Que en Alemania el régimen democrático-republicano no sea un estadio de transición es ésta una convicción que toma siempre más espacio en las mentes mejores. En determinadas circunstancias particulares y tempestuosas, la dictadura puede resultar un fenómeno necesario, pero no podría nunca valer como solución verdadera y suficiente. Puede tener valor en cuanto podría quizás representar unávía para reconstruir aquello que sobre todo una fuerza externa —el destino de una guerra perdida luego de una maravillosa tensión— ha destruido. Ésta és naturalmente una cuestión de principio y no de personas. Es una cuestión de tipo de régimen. Tal como hemos dicho al comienzo, la monarquía —que, como Imperio, en su supremacía sobre los diferentes estados autónomos, ya nos diera una imagen en miniatura de lo que podría ser una función integral supranacional europea— es la base más sana para la conservación más duradera de una tradición y para la formación de una jerarquía viril fuertemente personalizada; una jerarquía que se apoye sobre los principios ario-feudales del servicio y de la fidelidad, y no sobre una "ley" cualquiera o sobre una de las tantas "verdades sociales" que se han insinuado con la toma del poder de parte de la casta de los mercaderes, y finalmente de la casta de los siervos. Naturalmente, una ulterior condición para Alemania es la de desembarazarse de todas las sustancias de descomposición manifestadas en la posguerra en muchas formas de literatura derrotista-pacifista, vaga, grotesca y realista-vulgar. La misma antítesis que se establece, por un lado a través de un racionalismo profesoral, exangüe, laico e incompetente, y, por el otro, a través del moderno romanticismo de la vida y de lo irracional, debe ser superada a través de la reivindicación del derecho a un nuevo realismo de carácter trascendente en donde el ideal de cultura en sentido clásico, suprarracional, de espíritu dórico, pueda asumir una nueva forma. Al espíritu, al alma y al cuerpo, debemos imponerles desde lo alto, en silencio y dignidad, su precisa ley; permaneciendo plenos de repugnancia hacia el mundo de los literatos, de los doctos y de los hombres insignificantes, en la danza alrededor de los complejos del *eros* y de la máquina de la economía.

Formuladas ya las reservas hechas a una doctrina de la raza comprendida de manera unilateral, el antijudaísmo es un ulterior punto para el saneamiento alemán. Pero si se procede hasta el fondo de esta dirección se comprenderá que el judaísmo, contra el cual en Alemania se está ya luchando es tan sólo un aspecto de un enemigo mucho más grande: que el antijudaísmo conduce necesariamente a la alternativa ofrecida por la profesión de la religión cristiana o, en cambio, por la fidelidad a nuestra verdadera tradición, por la voluntad de una nueva espiritualidad integralmente nórdico-solar, y por lo tanto pagana, como máxima integración de nuestras fuerzas debilitadas y dispersas en la edad oscura occidental. Un antijudaísmo radical es posible tan sólo en la medida en que contemporáneamente sea un anticristianismo! Sólo sobre la base de una espiritualidad ario-pagana puede establecerse una antítesis universal al judaísmo, en cuanto fenómeno también universal, cuyas modernas formas económicas y sociales no son sino determinados aspectos particulares sobre el plano material.

Favorecer sobre esta base la unión de las Dos Águilas, del Águila romana y de la germánica, es el primer problema a resolver para la Europa futura. Se trata de ver si existirá el coraje y la intransigencia suficientes como para que surjan hombres capaces de mantenerse a la altura de este "mito", para que puedan afirmarlo como un "¡debe ser!" de una realidad futura. Y la conciencia de que sólo nuestros dos pueblos pueden defender a la antigua Europa debería darnos la fuerza suficiente para permitirnos superar todo aquello que sobre el plano racial o político pueda constituir un obstáculo para un entendimiento.

En espera de los cambios políticos que deberían indicar a Europa la vía hacia un destino superior, es necesario mientras tanto pasar a la acción interior, que es esencialmente ésta: pasar a la realización de un estado del espíritu y de un estilo de vida, que paulatinamente se acerquen al tipo tradicional. Más en profundidad podrán ser vueltos a hallar los puntos de vinculación y las fuerzas primordiales que, detrás de los bastidores, por mérito de aquellos "Jefes invisibles" de los que habláramos al comienzo, estarán en grado de frenar la caída y de contrabalancear aquellas potencias —ellas mismas extrahumanas — que han contribuido al ocaso del Occidente.

Restauración gibelina

Para concluir con esta serie de consideraciones, queremos profundizar en el tema, recién mencionado, respecto de las relaciones entre el ideal de la nueva civilización europea y el catolicismo. Desde el punto de vista puramente doctrinario no es necesario afirmar que a este problema, con todo lo que hemos dicho hasta ahora, ya se le ha dado una respuesta inequívoca. Pero se trata aquí de descender a un nivel más contingente, teniendo presente los principios a través de los cuales hoy puedan reforzarse movimientos que aun tengan un carácter político.

Debe subrayarse sobre todo que queremos hablar específicamente del catolicismo en general. Es verdad que un católico no sería tal si no afirmara que el catolicismo es el cristianismo y que la Iglesia representa la heredera legítima y única de Cristo. Esta "ortodoxa" convicción suya sin embargo no cambia en nada el hecho de que el cristianismo, en conexión con el judaísmo, haya sido el terreno que directa o indirectamente formó un todo que ha estado muy lejos de reducirse al puro catolicismo. Hemos ya hecho mención acerca de cuáles potencias pueden reencontrarse en el factor judeocristiano, prescindiendo de la corriente que hasta un cierto grado ha sido romanizada por la ciudad del Águila y el Fascio. Y respecto de nuestra actitud hacia aquellas potencias no es necesario gastar más palabras. Es del catolicismo en sentido estricto del que ahora nos queremos ocupar.

Es un hecho irrebatible que el catolicismo, con su gran aparato jerárquico, con su imagen de cosa estable, eterna y universal, con su defensa de valores en un cierto sentido supraterrenales, en estos tiempos oscuros, ejercite aun sobre muchos una magia seductora. Ello implica incluso que para algunos el concepto de tradición se funde irreversiblemente con la tradición católica, y alguien, de manera muy reciente, en Italia, no ha hesitado en declarar oficialmente que, si Roma es aun el centro de una idea universal, la misma lo es tan sólo como Iglesia católica. Por lo demás, hasta hace poco, buena parte de las grandes monarquías tradicionales de Europa era católica y la idea legitimista fue defendida sobre todo sobre fundamentos católicos. Muchos intentos modernos de un retorno al Medioevo ecuménico parten del presupuesto de que el catolicismo ha sido la fuerza principal de este período.

Todo esto es verdad, pero sin embargo sólo nos muestra cuan restringido sea el horizonte del hombre moderno. El reconocimiento del catolicismo es posible tan sólo porque el sentido de un sistema de valores de muy diferente dimensión y de muy distinta pureza ha sido perdido. Lo hemos dicho hace poco: para el que ninguna otra cosa posee, el catolicismo es por lo menos algo. Frente a las usurpaciones de un Estado "laico" o "ético", un Estado que al menos reconozca la autoridad representada por la Iglesia como una autoridad superior y universal, para nosotros es indudablemente un valor. Pero a pesar de ello, se trata de tener coraje y de buscar hasta el fondo los elementos por los cuales se apruebe el catolicismo; observar luego con una mirada clara si estos elementos están presentes en el catolicismo en una forma más allá de la cual no pueda pensarse en una superior.

Estos elementos —para limitarnos tan sólo a los principales— ya han sido mencionados: una ley de orden, un reconocimiento de lo sobrenatural, un principio de universalidad.

Por lo que se refiere al primer punto, aquel que encuentra en la Iglesia un principio de orden debe naturalmente prescindir de un pasado en el cual la misma no se ha por cierto presentado siempre bajo tal aspecto. Pero hay algo más. También en el ideal bolchevique tenemos un principio de orden. Por lo tanto habría que especificar de cuál principio de orden estamos hablando, para luego examinar hasta cuál grado exista una conexión entre el principio elegido y los presupuestos fundamentales de la doctrina católica. Sobre la última cuestión la respuesta no podría llevar a duda alguna: quedaría tan sólo el embarazo acerca de la elección para demostrar, en base a textos, encíclicas y silbos que el ideal católico de orden es esencialmente el de la coordinación y no por cierto el de la jerarquía, y que no está interesado en la forma específicamente política asumida por los distintos estados, con tal de que perdure su subordinación a la Iglesia y a la doctrina católica. El catolicismo, en el fondo, sigue siendo cristianismo, en cuanto "socialismo" de los pueblos, bajo una especie de vigilancia paterna que favorece una nivelación de éstos ante el espíritu. Éste es el ideal de orden que le resulta en gran medida congeniale. ¿Es éste el ideal que podría atraer a sí a las mejores fuerzas de la restauración europea? ¿De aquellos que no se olvidan de la herencia de su más noble pasado ari ano? Por cierto que no. En la medida en que en cambio el catolicismo, a pesar de todo, represente el ideal jerárquico, dichas fuerzas podrían hallar en la Iglesia un apoyo. Por otro lado, es un hecho que todo aquello que desde este punto de vista la Iglesia logró realizar de bueno y de grande a través de los siglos halle su razón de ser, no tanto en las afirmaciones doctrinarias del primer cristianismo y de la misma filosofía ortodoxa, cuanto más bien en el elemento romano, que en parte revitalizó e hizo propio. Pero si esto es verdad, cada retomo consciente al catolicismo no podría ser sino una vía para superar el catolicismo, remitiéndose en manera directa a la tradición romana precristiana, viva y creativa, allí donde concluye el compromiso y donde las fuerzas imperiales, que asumidas por el catolicismo ya bastaron para causar una oposición protestante, se vuelvan a encontrar en estado puro. La valoración de Maurras sobre la Iglesia como principio de orden se mueve en un ámbito de ideas no muy diferentes del nuestro. Los fascistas italianos —si es que no se trata del más vulgar oportunismo político— podrían reconocer a la Iglesia tan sólo en función de la posibilidad de vincular la idea cesárea de Roma con el catolicismo. Y no sería difícil hallar otros ejemplos de este género.

Pasemos ahora a un punto aún más particular: al catolicismo como base de la doctrina legitimista en referencia al derecho divino. También aquí, hay que hacer una discriminación. En primer lugar se trata de reconocer todo aquello que en el catolicismo ha estado en contradicción con esta doctrina. No debe olvidarse que fue justamente la Iglesia, en primer término en Occidente, en afirmar la doctrina del derecho natural, es decir, del origen popular y de la naturaleza profana de la realeza, frente a la tesis gibelina de los "dos soles" y del principio de sobrenaturalidad del Imperio. Ello fue así porque la Iglesia comprendió bien que en el marco de una doctrina del derecho divino integralmente comprendida —tal como fue el caso de parte de los Hohenstaufen— quedaría muy poco para sus aspiraciones hegemónicas. Por lo tanto, si el catolicismo ha arribado a apoyar la tesis del derecho divino, en ello se tiene un ulterior compromiso. Esta doctrina, en la medida que crea una base sobrenatural, como presupuesto de la potencia legítima, no es en realidad sino la reducción de una doctrina mucho más concreta, antigua y tradicional, la de la divinidad regia, a la cual repetidamente nos hemos ya referido. ¿Acaso el catolicismo querrá volver a sustentar la afirmación de Getsio I según la cual "luego de Cristo ningún hombre puede ser al mismo tiempo rey y sacerdote", como en cambio sucedía en las tradiciones arias y paganas? ¿Querría quizás saber cómo comprendido el derecho divino del Dominador en un modo diferente de la simple condición en la cual la Iglesia lo "reconoce" como tal sólo de nombre, o también a través de una "consagración" que —ya excluida desde hace siglos de los verdaderos y propios sacramentos— hoy no podría representar nada más que un vacío Símbolo y un mero ceremonial? Una vez más: el catolicismo es demasiado poco. Nosotros repetimos que el principio del derecho divino debe ser comprendido concretamente y no en manera formal y convencional: debe ser comprendido en el sentido de que un ser efectivamente divinificado, testimoniando como persona —por afuera de cualquier convención y de cualquier reconocimiento exterior de parte de otra autoridad— una naturaleza extrahumana, posea el derecho verdadero y legítimo de dominar. Por lo tanto, también aquí, lo que podría conducirnos al catolicismo nos conduce más allá del catolicismo y, en concepciones como las que son propias de las grandes tradiciones precristianas, nos muestra un todo mucho más completo, determinado y sólido.

Tomemos ahora en consideración el segundo punto: el valor del catolicismo en cuanto defiende un punto de vista suprapolítico y guía a las almas hacia un orden sobrenatural. También aquí debe ponerse como premisa que, para poder reconocer al catolicismo este valor, se debe prescindir de todo lo que, como cristianismo, se presenta más bien en el sentido de una reducción romántica, pasional o sentimental, y humanizada por su comportamiento frente a lo divino. A pesar de esto —luego del materialismo y del laicismo, insinuados por doquier como un cáncer en el mundo moderno— debe ser reconocido en un nivel totalmente general, un derecho superior a un sistema que desplaza el baricentro hacia algo verdaderamente sobrenatural. Por cierto que ésta no es sino una premisa. Más allá del problema de la relación hacia el supramundo, permanece el de examinar acerca de cuál naturaleza sea tal relación. Y aquí se encuentra —como ya se sabe— el más gran e insuperable obstáculo, de parte de nosotros, imperialistas, para reconocer al catolicismo un valor positivo. Ante lo sobrenatural, hemos dicho, son posibles dos actitudes fundamentales: la solar, viril, afirmativa, correspondiente justamente al ideal de la tradicional realeza sacral, y la lunar, femenina, religiosa, pasiva, que corresponde justamente al ideal sacerdotal. El sacerdote, por más poderoso que sea, es consciente de dirigirse a Dios como a un señor a quien sirve y ante el cual se humilla: de "Dios" él recibe todo poder y es tan sólo un intermediario del espíritu. Fue sobre todo la religión judía la que ha llevado al extremo esta actitud, al pintar con colores casi masoquistas la sujeción de la criatura y el *pathos* de su distancia de principio respecto del Omnipotente. En cambio, el tradicional rey sagrado era él mismo de naturaleza divina y los "Dioses" eran sus pares; como ellos él era de estirpe "celeste", tenía su misma sangre; era pues un centro, un principio afirmativo, libre y cósmico. Entonces, si nuestra tradición primordial, la de nuestra raza más pura es una tradición "solar", no tenemos que hacernos ilusiones: la voluntad de restauración correspondiente a esta tradición, antes o después, se hallará en lucha contra el catolicismo, precisamente como ya aconteció en el Medioevo gibelino; a menos que el catolicismo, sobre la base de lo que ahora diremos, no acepte reconocer el verdadero puesto jerárquico propio de un sistema religioso.

Un problema análogo, es más, incluso independiente del aquí tratado, se presenta para lo que se refiere al último punto: el valor del catolicismo en cuanto principio de universalidad. Ya hemos subrayado que, si el anticatolicismo se limitara a la afirmación de un principio particularista, estrictamente racista, nacionalista-totémico, nosotros no hesitaríamos, a pesar de todo, en declaramos a favor del catolicismo. Pero si en cambio, en modo excepcional y provisorio, se complaciera en el reconocimiento del valor superior y de derecho superior propios de lo que es universal, se impone un ulterior problema, en la medida en que hay universalidad y universalidad, así como hay una forma solar y una forma lunar en la relación hacia lo sobrenatural. Después de todo esto que hasta ahora se ha dicho, sobre esta conclusión no es necesario insistir, en tanto que debería ser ya clara para cualquiera: frente a la universalidad solar, sobre base imperial y jerárquica, culminante en el ideal de la divinidad regia, se encuentra la universalidad lunar, de base eclesial y "socialista", que culmina en el sacerdote como siervo de Dios, ¿Cuál de estas dos universalidades, nosotros Arianos, en tanto herederos de los Césares sagrados y de los hijos regios de Thor y de Odín, solicitaremos para una nueva civilización europea? La voz secreta de nuestra sangre debe dar la respuesta a esta pregunta y nuestro coraje espiritual debe poder afirmarla frente a las costumbres de pensamiento, a los prejuicios, a la superstición y a las falsas tradiciones que se han insinuado en las diferentes razas europeas.

¿Cuál espacio y cuál función podría entonces seguir teniendo la Iglesia en el marco de una civilización ecuménica imperial? Buscamos de responder en el modo más inequívoco a esta pregunta. Para poder hacerlo es necesario volver brevemente sobre lo que se ha ya dicho en relación a las relaciones entre Sabiduría y fe.

El principio de desigualdad sobre el cual se fundaba el espíritu tradicional establece como axioma que, de acuerdo a la diversidad de los hombres y de sus posibilidades naturales, existen modos muy diferentes de entrar en relación con lo divino. Para los mejores —los que serán siempre una minoría— es posible establecer directamente un lazo con lo divino, transformándose en ello y poseyéndolo como un estado vivo y concreto de la propia experiencia: y ésta es la vía solar, el ideal iniciático. A los otros, a la mayoría, a la masa, no le resulta posible efectuar una tal transformación y realización. En ellos los vínculos de la naturaleza humana resultan más fuertes. Para ellos se encuentra abierta otra vía: vincularse con un voto a algo que les es ofrecido en la forma de un ser particular, real y trascendente, cual es el Dios del concepto teísta. En lugar del conocimiento de lo divino, penetra pues la fe en lo divino; en lugar de la experiencia pues, el dogma; en lugar del sentido de la suficiencia y de la suprapersonalidad, la insuficiencia y la dependencia respecto del Omnipotente.

Así se tiene un sistema "religioso" que ha hallado su lugar y su razón de ser también en el mundo tradicional, en tanto que se refería a la masa y se ofrecía como un sucedáneo a aquellos a los cuales les resultaba cenada la vía de la realización aristocrática, suprareligiosa e iniciática. El principio de jerarquía extendido al dominio espiritual, pero más allá de la religión popular y devocional, más allá de los cultos y de la fe de la masa, dejaba predominar sin contradicción una doctrina iniciática, un esoterismo, una tradición de la Sabiduría y del rito, que en su origen fue justamente privilegio de los príncipes y de la nobleza. En tal modo toda tradición puede aceptar en sentido integral, y justificar sin desprecio a aquel que sabe y a aquel que no sabe, con tal de que el eje sea uno solo, con tal de que no haya ninguna salida, con tal de que aquel que no sabe, o que sólo presume saber, reconozca, adore y alabe a aquellos que se encuentran por encima de él.

En tal concepción integral el sistema de la Iglesia católica no podría representar sino un sistema correspondiente justamente, en manera aproximada, al de la religión popular de las culturas antiguas. El conflicto con el catolicismo es pues irresoluble tan sólo en la medida en que el mismo no reconozca su "lugar"; en cuanto pretenda ser el valor más alto, la 'religión *par excelente,* por encima de la cual no se hallaría más nada y afuera de la cual no existirían más que desviaciones y errores; en síntesis, en la medida en la cual no tenga o no quiera tener ningún sentido para una jerarquía de valores que, objetivamente, son superiores a todo lo que es "religión".

No es necesario resaltar que justamente este espíritu de intolerancia y conjuntamente de límite, ha informado al primer cristianismo y sobre todo al judaísmo, de modo tal de asumir los rasgos de una verdadera y propia inversión de aquellos valores propios de las *élites* tradicionales, a favor de los pertenecientes a las castas inferiores: por esta razón las virtudes paganas y aristocráticas, son denominadas "vicios espléndidos", el tipo del sabio y del iniciado se convierten en los "enemigos de Dios" y a las cualidades de suficiencia, de fuerza calma y consciente para la realización de sí, se le asigna el estigma de orgullo luciférico. Todo esto ya ha sido subrayado por Nietzsche y no tiene necesidad de ser repetido. Hemos hecho mención en general también al fenómeno de la usurpación —ya manifestada en el mundo antiguo— relativa a la casta de los sacerdotes, los cuales se adueñaron del poder y de las funciones sagradas, originariamente privilegio de los reyes.

Pero, volviendo a los tiempos actuales, se debe naturalmente afirmar en los más claros términos que aquellos valores, frente a los cuales la Iglesia, con un retorno a la normalidad y a la verdadera jerarquía, estaría obligada a aceptar la propia subordinación, no están para nada presentes en la realidad. En el mundo moderno falta completamente la contraparte de una idealidad que, aun anclándose como la Iglesia en un origen y en una finalidad sobrenaturales, a pesar de ello represente no el polo religioso, sino el polo solar del espíritu, y forme el espíritu de una universalidad, no de tipo socialista-lunar, sino de tipo imperial. Y retenemos habernos expresado con suficiente claridad, de modo tal que nadie pueda pensar que nosotros podremos apoyar un anticatolicismo laico o político, un anticatolicismo que represente el tentativo de una potencia temporal o nacional de arrogarse una autoridad espiritual, aun si de tipo tan sólo religioso. A pesar de todo, ello no impide que, en el caso del principio y del mito, para nuestro despertar se tenga que establecer inequívocamente el concepto de un orden integral en el cual la Iglesia —repitámoslo-- podría ser admitida en la medida en que, en cuanto expresión de la espiritualidad de aquellos que tan sólo pueden "creer", quede en un nivel jerárquico como dependiente del Imperio, comprendido como encarnación de la espiritualidad regia de los que "saben" y "son".

Se trataría así de sostener el Águila sobre la Cruz, el símbolo solar del derecho de los padres (Imperio) sobre el lunar del derecho de las madres (la Madre Iglesia). Tan sólo así se podrá hablar de un tradicionalismo integral y volver a un orden de justicia y de normalidad.

La luz del mismo origen nos prueba en efecto la legitimidad de esta idea. Sólo cuando las estirpes arianas primordiales de la India se dividieron y entraron en contacto con las fuerzas adulteradoras de las razas originarias del Sur, del *purohita,* que en su origen era el sacerdote en relación de dependencia respecto del rey sacro, unido al rey —de acuerdo a la precisa fórmula del ritual— a la manera como se encuentra la esposa respecto del esposo y la tierra respecto del cielo, surgió el *brahmán,* en el sentido de una casta dominante de sacerdotes. En China, en la antigua Roma, en la antigua Hélade, el rito fue esencialmente privilegio del rey, y la casta sacerdotal, cuando no se identificaba con la de la aristocracia, le estuvo subordinada. Lo mismo puede decirse respecto de las estirpes nórdicas primordiales: parece que los reyes noruegos fuesen los únicos en celebrar el rito y entre los Germánicos, si nunca hubo sacerdotes, los mismos de cualquier forma no tuvieron la supremacía y la dignidad de los reyes divinos y de los jefes. En Egipto, sólo al final de la ventésima dinastía la casta sacerdotal logró tomar posesión del poder y dar origen a la dinastía de los grandes sacerdotes de Tebas, en detrimento de la autoridad de los reyes solares. En los primeros siglos del cristianismo, la misma Iglesia católica no fue sino un órgano oficial dependiente del Imperio, y en los concilios de obispos remitían la sanción de sus decisiones al príncipe, no sólo en las cuestiones disciplinarias, sino también en los asuntos dogmáticos. A los reyes merovingios y carolingios los pontífices pagaron el tributo de reconocimiento expresando en la fórmula: *"Melchisedek nosten me ritorex atque sacerdos, complevit laicus religionis opus" — "vos gens santa estis atque regale estis sacerdotium";* y de León III se dice que, ante Carlomagno, luego de que éste recibiera la corona romana, se prosternó según la antigua tradición: *Post laudes ab apostolico more antiquorum principium adoratus est,* dice el *Liber Pontificalis.* Tales referencias, tomadas entre muchas otras que sin duda se podrían aducir, nos muestran justamente la ortodoxia tradicional de nuestro concepto gibelino; nos muestran lo que quiere la justicia, o bien que, en un ideal jerárquico integralmente comprendido, la Cruz —en cuanto símbolo sacerdotal— tiene una función, y un aspecto positivo en tanto permanezca subordinada al Águila. En la medida en que la Iglesia no lo pueda o no lo quiera hacer, inmediatamente se reinserta en el marco de las fuerzas antitradicionales, destructivas o paralizantes; se coloca en el nivel del factor conflictivo judeo-cristiano que, tal como fuera ya una de las causas de la decadencia de nuestro mundo, en nosotros antimodernos no puede hallar sino implacables e inexorables enemigos.

Conclusión

Creemos haber ya dicho bastante, para que los rasgos principales de nuestro mito imperial se hagan claramente reconocibles. No se trata aquí de una toma de postura. El sistemático y profundizado desarrollo de los presupuestos que pueden consolidar esta toma de postura en una forma que no sea, como aquí, la de una campaña militar, se encuentra en otros escritos nuestros

Al comienzo, hemos dicho que la civilización europea debe contar con un cambio total, sin el cual la misma estará destinada a perecer. La superstición plebeya, según la cual el hombre occidental ha creído en la quimera del desarrollo y le ha consagrado a ella su conquista material del mundo, afortunadamente se encuentra desvanecida. Hablar de ocaso del Occidente no es más como ayer —como en el siglo del Iluminismo y de la costumbre jacobina de la diosa razón— una absurda herejía. Ya, un poco por doquier, se hacen visibles las conclusiones últimas hacia las cuales debía conducir la decantada "civilización". Frente a estas conclusiones parece que algunos vuelvan sobre sus pasos, que nuevas fuerzas surjan para la reconquista. Por lo tanto una apelación, como pretende representar este libro, no se encuentra privada de una razón de ser. Existen todavía hombres que no pertenecen a este mundo moderno y que nada en este mundo los podría extraviar, exaltar o humillar, pero que, a pesar de este mundo, están listos para luchar con todas sus fuerzas, no apenas habrá arribado el momento.

Es por todos conocida la saga del emperador gibelino que espera un despertar en la "montaña" para combatir con sus fieles la última batalla. Esta acontecerá cuando las escuadras de Gog y de Magog habrán abatido el simbólico muro que se entrometía en su camino, e irrumpirán a la conquista del mundo. Aquel que traduzca en realidad el sentido de este mito apocalíptico, no podrá sustraerse a la idea de que aquel momento no está más lejano. Las escuadras de Gog y de Magog son los démones de lo colectivo y la emergencia del hombre-masa socialista, omnipotente en todo el mundo, en el espíritu como en la materia. Frente a éstas, el símbolo imperial gibelino representa la apelación a la congregación de las fuerzas aun sanas.

No hemos hablado mucho de "política", de reformas sociales o económicas, siendo simplemente ridículo el pensamiento de arribar por tal vía a una renovación: sería como aplicar remedios sobre partes enfermas del cuerpo, cuando la sangre esté ya infectada y envenenada. Lo que sólo cuenta es establecer un orden de valores a través de cuya realización puedan desconjurarse los oscuros destinos que, también sobre el plano material, pesan sobre Europa. A quien nos diga que esto no es política y realidad, nosotros tranquilamente le contestamos que éste ya no sabe más lo que signifique la política ni qué es lo que sea la realidad.

La exaltación creada por los momentos de peligro, de crisis y de alarma se compone de varios y muchas veces irracionales y contradictorios elementos. En consecuencia, examinando los diferentes movimientos sociales y culturales, reaccionarios y reformistas, se hallarán hoy muchos factores impuros, condicionados por lo bajo, pasiones en una manera o en otra pertenecientes a aquel mismo mal en contra del cual éstos querrían defenderse. Pero en algún movimiento se hallará también algo mejor, una voluntad en la cual secretamente se despierte la posibilidad de un verdadero renacimiento.

A esta voluntad debe indicársele un camino.

Para los no destruidos, los no vencidos, proponemos el símbolo radicado en la Tradición y afirmamos que sólo a través de un retorno a la espiritualidad solar, a la concepción viva del mundo, al *ethos* viril y pagano y al ideal imperial, cuales herencias sagradas de nuestra sangre nórdico-aria, las fuerzas de la rebelión europea podrán arder en aquella alma de la que hasta ahora carecen y sólo ésta podrá darles una absoluta conciencia de sí mismos, sólo ésta podrá impulsarla a quebrar el círculo de la "edad oscura" del Occidente.

Otros libros

OMNIA VERITAS
OMNIA VERITAS LTD PRESENTA:
JULIUS EVOLA
CABALGAR EL TIGRE
«Lo que se va a leer afecta al hombre que no pertenece interiormente a este mundo, y se siente de una raza diferente a la de la mayor parte de los hombres.»
JULIUS EVOLA
CABALGAR EL TIGRE
El lugar natural de un hombre así, es el mundo de la Tradición

OMNIA VERITAS
OMNIA VERITAS LTD PRESENTA:
JULIUS EVOLA
ESCRITOS SOBRE EL JUDAÍSMO
«El antisemitismo es una temática que ha acompañado a casi todas las fases de la historia occidental...»
El problema judío tiene orígenes antiquísimos

OMNIA VERITAS
OMNIA VERITAS LTD PRESENTA:
JULIUS EVOLA
METAFÍSICA DE LA GUERRA
Y
LA DOCTRINA ARIA
DE LA LUCHA Y DE VICTORIA
«La guerra, estableciendo y realizando la relatividad de la vida humana...»
Un conocimiento transfigurante de la vida en función de la muerte

OMNIA VERITAS
OMNIA VERITAS LTD PRESENTA:
JULIUS EVOLA
METAFÍSICA DEL SEXO
«Todo lo que en la experiencia del sexo y del amor comporta un cambio de nivel de la conciencia ordinaria...»
La investigación de los principios y de las significaciones últimas...

OMNIA VERITAS
OMNIA VERITAS LTD PRESENTA:
JULIUS EVOLA
REVUELTA CONTRA EL MUNDO MODERNO
«Por todas partes, en el mundo de la Tradición, este conocimiento ha estado siempre presente como un eje inquebrantable en torno al cual todo lo demás estaba jerárquicamente organizado.»
JULIUS EVOLA
REVUELTA CONTRA EL MUNDO MODERNO
Hay un orden físico y un orden metafísico

OMNIA VERITAS
OMNIA VERITAS LTD PRESENTA:
RENÉ GUÉNON
APERCEPCIONES SOBRE EL ESOTERISMO ISLÁMICO Y EL TAOÍSMO
"En el islamismo, la tradición es de doble esencia, religiosa y metafísica"
RENÉ GUÉNON
APERCEPCIONES SOBRE EL ESOTERISMO ISLÁMICO Y EL TAOÍSMO
Se las compara frecuentemente a la "corteza" y al "núcleo" (el-qishr wa el-lobb)

OMNIA VERITAS
OMNIA VERITAS LTD PRESENTA:
RENÉ GUÉNON
APERCEPCIONES SOBRE EL ESOTERISMO ISLÁMICO Y EL TAOÍSMO
"En el islamismo, la tradición es de doble esencia, religiosa y metafísica"
RENÉ GUÉNON
APERCEPCIONES SOBRE EL ESOTERISMO ISLÁMICO Y EL TAOÍSMO
Se las compara frecuentemente a la "corteza" y al "núcleo" (el-qishr wa el-lobb)

OMNIA VERITAS
Omnia Veritas Ltd presenta:
RENÉ GUÉNON
EL ERROR ESPIRITISTA
En nuestra época hay muchas otras "contraverdades" que es bueno combatir...
RENÉ GUÉNON
EL ERROR ESPIRITISTA
Entre todas las doctrinas "neoespiritualistas", el espiritismo es ciertamente la más extendida

OMNIA VERITAS
Omnia Veritas Ltd presenta:
RENÉ GUÉNON
EL ESOTERISMO DE DANTE
« Dante indica de una manera muy explícita que hay en su obra un sentido oculto, propiamente doctrinal, del que el sentido exterior y aparente no es más que un velo »
RENÉ GUÉNON
EL ESOTERISMO DE DANTE
... y que debe ser buscado por aquellos que son capaces de penetrarle

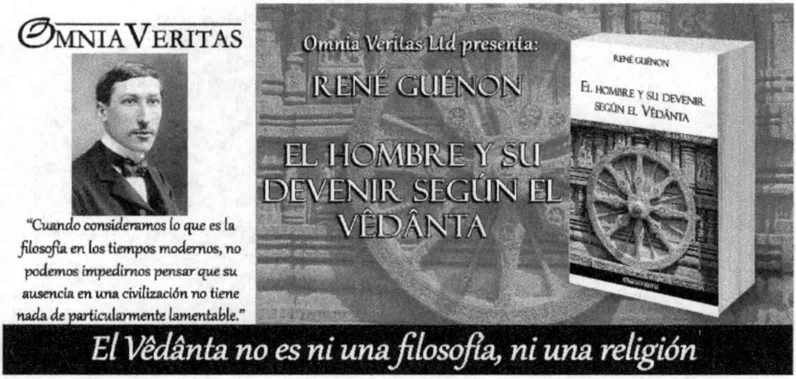
OMNIA VERITAS
Omnia Veritas Ltd presenta:
RENÉ GUÉNON
EL HOMBRE Y SU DEVENIR SEGÚN EL VÊDÂNTA
"Cuando consideramos lo que es la filosofía en los tiempos modernos, no podemos impedirnos pensar que su ausencia en una civilización no tiene nada de particularmente lamentable."
RENÉ GUÉNON
EL HOMBRE Y SU DEVENIR SEGÚN EL VÊDÂNTA
El Vêdânta no es ni una filosofía, ni una religión

OMNIA VERITAS
OMNIA VERITAS LTD PRESENTA:
RENÉ GUÉNON
EL REINO DE LA CANTIDAD Y LOS SIGNOS DE LOS TIEMPOS
« Porque todo lo que existe de alguna manera, incluso el error, necesariamente tiene su razón de ser »
...y el desorden en sí mismo debe encontrar su lugar entre los elementos del orden universal

OMNIA VERITAS
OMNIA VERITAS LTD PRESENTA:
RENÉ GUÉNON
EL REY DEL MUNDO
"Un principio, la Inteligencia cósmica que refleja la Luz espiritual pura y formula la Ley"
El Legislador primordial y universal

OMNIA VERITAS
Omnia Veritas Ltd presenta:
RENÉ GUÉNON
EL SIMBOLISMO DE LA CRUZ
«La consideración de un ser en su aspecto individual es necesariamente insuficiente»
... puesto que quien dice metafísico dice universal

OMNIA VERITAS
Omnia Veritas Ltd presenta:
RENÉ GUÉNON
LA CRISIS DEL MUNDO MODERNO
«Parece por lo demás que nos acercamos al desenlace, y es lo que hace más posible hoy que nunca el carácter anormal de este estado de cosas que dura desde hace ya algunos siglos»
Una transformación más o menos profunda es inminente

OMNIA VERITAS
Omnia Veritas Ltd presenta:
RENÉ GUÉNON
LA GRAN TRÍADA
RENÉ GUÉNON
LA GRAN TRÍADA
«En todo ternario tradicional, cualesquiera que sea, se quiere encontrar un equivalente más o menos exacto de la Trinidad cristiana»
se trata muy evidentemente de un conjunto de tres aspectos divinos

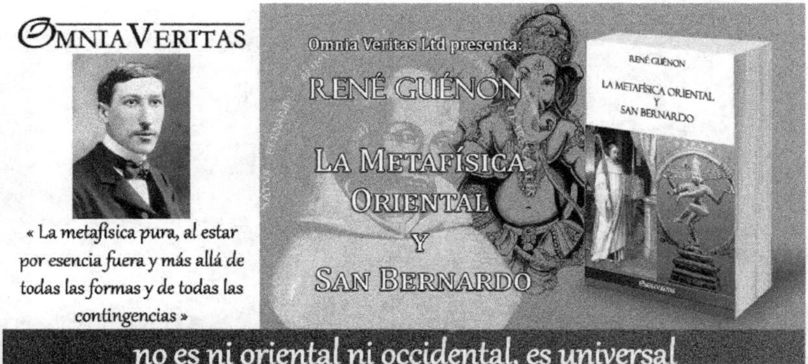
OMNIA VERITAS
Omnia Veritas Ltd presenta:
RENÉ GUÉNON
LA METAFÍSICA ORIENTAL Y SAN BERNARDO
RENÉ GUÉNON
LA METAFÍSICA ORIENTAL Y SAN BERNARDO
« La metafísica pura, al estar por esencia fuera y más allá de todas las formas y de todas las contingencias »
no es ni oriental ni occidental, es universal

OMNIA VERITAS
Omnia Veritas Ltd presenta:
RENÉ GUÉNON
ORIENTE Y OCCIDENTE
«La civilización occidental moderna aparece en la historia como una verdadera anomalía...»
Esta civilización es la única que se ha desarrollado en un aspecto puramente material

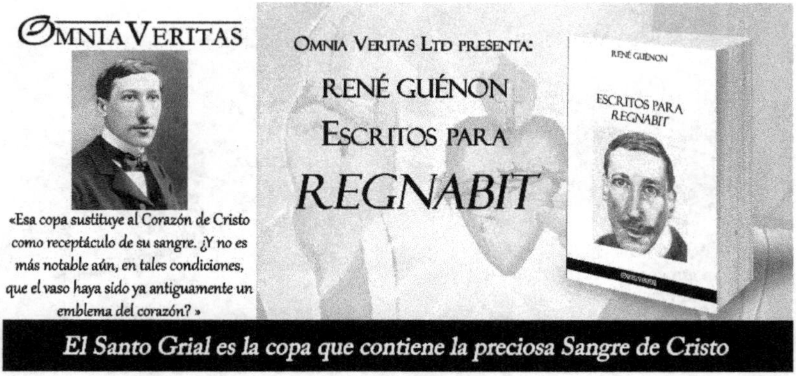
OMNIA VERITAS
OMNIA VERITAS LTD PRESENTA:
RENÉ GUÉNON
ESCRITOS PARA
REGNABIT
«Esa copa sustituye al Corazón de Cristo como receptáculo de su sangre. ¿Y no es más notable aún, en tales condiciones, que el vaso haya sido ya antiguamente un emblema del corazón? »
El Santo Grial es la copa que contiene la preciosa Sangre de Cristo

OMNIA VERITAS
OMNIA VERITAS LTD PRESENTA:
RENÉ GUÉNON
SÍMBOLOS DE LA CIENCIA SAGRADA
« Este desarrollo material ha sido acompañado de una regresión intelectual, que ese desarrollo es harto incapaz de compensar »
¿Qué importa la verdad en un mundo cuyas aspiraciones son únicamente materiales y sentimentales?

OMNIA VERITAS
Omnia Veritas Ltd presenta:
HISTORIA PROSCRITA
IV
HOLOCAUSTO JUDÍO,
NUEVO DOGMA DE FE
PARA LA HUMANIDAD
POR
VICTORIA FORNER
Nunca en la historia de la humanidad se había producido una circunstancia como la que estudiaremos...
UN HECHO HISTÓRICO SE HA CONVERTIDO EN DOGMA DE FE

OMNIA VERITAS
Omnia Veritas Ltd presenta:
EL MITO DE
LOS 6 MILLONES
El Fraude de los judios
asesinados por Hitler
por Joaquín Bochaca
"El mayor fraude histórico, político y financiero de todos los tiempos."
La primera victima de la guerra es la verdad

OMNIA VERITAS
Omnia Veritas Ltd presenta:
LA FINANZA, EL PODER
Y
EL ENIGMA CAPITALISTA
por
Joaquín Bochaca
"La gran paradoja de la actual crisis económica es que los hombres no pueden adquirir los bienes que efectivamente han producido..."
Los beneficiarios de la demencial situación que padece el mundo

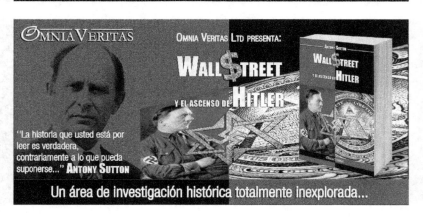

OMNIA VERITAS
OMNIA VERITAS LTD PRESENTA:
WALL $TREET Y LOS BOLCHEVIQUES
"No pretendo hacerle creer a nadie que he descubierto una novedad – los políticos mienten..." ANTONY SUTTON
Anthony Sutton tiene una gran virtud: se atiene a la documentación concreta, verificable y confirmada

OMNIA VERITAS
OMNIA VERITAS LTD PRESENTA:
HE AQUÍ UN CABALLO PÁLIDO
MILTON WILLIAM COOPER
Creo, pues, que se está jugando una gran partida de ajedrez a unos niveles que apenas podemos imaginar, y nosotros somos los peones.
Se nos han enseñado mentiras. La realidad no es en absoluto lo que percibimos.

OMNIA VERITAS
Omnia Veritas Ltd presenta:
EL ASCENSO Y LA CAÍDA DEL IMPERIO SOVIÉTICO
BAJO EL SIGNO DEL ESCORPIÓN
POR JÜRI LINA
La verdad sobre la Revolución Bolchevique

OMNIA VERITAS
La profecía de un reinado Dios en la Tierra, la interpretaron los judíos como la promesa de un reino y dominio mundial de Israel
Omnia Veritas Ltd presenta:
Complot contra la Iglesia
de MAURICE PINAY
Complot contra la Iglesia
La autenticidad de estos documentos judiciales queda fuera de duda...

OMNIA VERITAS
Nuestros judíos no creen, seguramente, en el Mesías, pero sí en la misión mesiánica de Israel...
Omnia Veritas Ltd presenta:
EL KAHAL - ORO
de HUGO WAST
EL KAHAL - ORO
Porque dos naciones no pueden coexistir en la misma nación...

OMNIA VERITAS
Pero la nación europea llegó a ser "nación" porque añadiera formas de vida que pretenden representar una "manera de ser hombre"
Omnia Veritas Ltd presenta:
EUROPEA Y LA IDEA DE NACIÓN
seguido de
HISTORIA COMO SISTEMA
por
JOSÉ ORTEGA Y GASSET
EUROPEA Y LA IDEA DE NACIÓN
Un programa de vida hacia el futuro

OMNIA VERITAS
Omnia Veritas Ltd presenta:
FRANCO
por
JOAQUÍN ARRARÁS
"La alegría del alma está en la acción." De Marruecos sube un estruendo bélico, que pasa como un trueno sobre España.
Caudillo de la nueva Reconquista, Señor de España

OMNIA VERITAS
Omnia Veritas Ltd presente:
LA GUERRA OCULTA
de
Emmanuel Malynski
En esencia, La Guerra Oculta es una metafísica de la historia, es la concepción de la perenne lucha entre dos opuestos órdenes de fuerzas...
La Guerra Oculta es un libro que ha sido calificado de "maldito"
LA GUERRA OCULTA
El análisis más anticonformista de los hechos históricos

OMNIA VERITAS
OMNIA VERITAS LTD PRESENTA:
IMPERIUM
LA FILOSOFÍA DE LA HISTORIA Y DE LA POLÍTICA
POR
FRANCIS PARKER YOCKEY
La palabra Europa cambia su significado: de ahora significará la Civilización Occidental; la unidad orgánica que creó, como fases de su vida las naciones-ideas de España, Italia, Francia, Inglaterra y Alemania.
IMPERIUM
Este libro es diferente de todos los demás

OMNIA VERITAS
Omnia Veritas Ltd presenta:
LOS SECRETOS DE LA
RESERVA FEDERAL
LA CONEXIÓN LONDRES
POR
EUSTACE MULLINS
La historia americana del vigésimo siglo ha grabado los logros asombrosos de los banqueros de la Reserva Federal
AQUÍ ESTÁN LOS HECHOS SIMPLES DE LA GRAN TRAICIÓN

OMNIA VERITAS
Omnia Veritas Ltd presenta:
MASONERÍA
de
FRANCISCO FRANCO
Son muchos los españoles que, dentro y fuera del país, anhelan conocer la verdad de la masonería...
Uno de los secretos menos investigados de la Edad Moderna...

OMNIA VERITAS
Omnia Veritas Ltd presenta:
REFLEXIONES de un
PSICOTERAPEUTA
LATINOAMERICANO
de
JUAN MANUEL VALVERDE
Estos trabajos, algunos de los cuales tienen más de treinta años, reflejan mi continua búsqueda de la elaboración de mis distorsiones.
Mis ideas partían de lo biológico (los instintos)

OMNIA VERITAS
Omnia Veritas Ltd presenta:
SINFONÍA
EN
ROJO MAYOR
de
JOSÉ LANDOWSKY
Finanza Internacional, capitalismo-comunista. "Ellos".
Los Rothschilds no eran los tesoreros, sino los jefes del primer comunismo secreto...
Una Radiografía de la Revolución...

CPSIA information can be obtained
at www.ICGtesting.com
Printed in the USA
BVHW040613101121
621214BV00017B/298

9 781913 057404